TIM HAYWARD

MESSER

HANDWERK UND KULTUR DES KÜCHENMESSERS

AUS DEM ENGLISCHEN VON SUSANNE LÜCK

DUMONT

TIM HAYWARD ist Foodjournalist, Radiomoderator, Restaurantbesitzer und ein absoluter Freak, wenn es ums Essen geht. Er war Herausgeber des Magazins *Fire & Knives* und schreibt u. a. eine Kolumne sowie Restaurantkritiken für die *Financial Times*.

Die englische Originalausgabe erschien 2016 unter dem Titel
KNIFE. The Culture, Craft and Cult of the Cook's Knife
bei Quadrille Publishing, London. Quadrille ist ein Imprint von Hardie Grant.

Erste Auflage 2017

Verlagskoordination: Vera Maas
Projektmanagement und Lektorat: Nazire Ergün
Übersetzung: Susanne Lück
Satz: Aicha Becker
Umschlagadaption: Birgit Haermeyer

Printed in China
ISBN 978-3-8321-9928-9

www.dumont-buchverlag.de

INHALT

EINFÜHRUNG

KEIN GEGENSTAND IN UNSEREM BESITZ ist dem Küchenmesser vergleichbar. Jeden Tag nehmen wir es in die Hand und verändern oder erschaffen damit etwas. Das könnte man vielleicht auch von einem Pinsel oder einem Musikinstrument behaupten, doch ein Messer ist weit mehr als ein kreatives oder funktionales Gerät. Es wird vermutlich der einzige Gegenstand in unserem Besitz sein, mit dem wir Fleisch schneiden (manch eigentümliche Menschen mögen dieses auch anders bearbeiten). Ein irrer Gedanke: Da liegen 20 cm tödlich scharfes Metall auf dem Küchentisch, die dasselbe Potenzial wie eine geladene Schusswaffe haben: ein Blutbad anzurichten. Dennoch benutzen wir unsere Küchenmesser vorwiegend dazu, unserer Familie mit einem guten Abendessen unsere Zuneigung zu beweisen.

Das Messer ist eines der wenigen Dinge, die wir ins Haus holen, die wir aber zugleich fürchten. Meine Großmutter hat dem Gas „nie ganz getraut" und war erst beruhigt, als sie nach dem Krieg einen Elektroherd bekam. Meine Mutter hat den Dampfkochtopf und die Fritteuse so rasch wie möglich unauffällig entsorgt. Wir sind ein risikoscheues Volk und dulden keine gefährlichen Objekte im Haushalt – außer eben das Küchenmesser. Dabei ist das Messer gar keine einfache Sache. Es ist sogar das einzig verbleibende Haushaltsgerät, mit dem wir erst lernen müssen umzugehen, statt nur auf einen Anschaltknopf zu drücken. Die meisten von uns respektieren ihre Messer. Wir widmen ihnen Zeit, schleifen sie, spülen sie sorgsam von Hand und bewahren sie in teuren Blöcken oder besonderen Kistchen auf. Nicht wenige von uns huldigen ihren Messern wie einem Fetisch. Aber was ist nur dran an einem Messer, warum vermittelt es uns dieses Gefühl?

Wie die meisten Dinge, die wir jeden Tag benutzen, verändert auch ein Messer seine Form und Funktion mit den Jahren. In einer Tapas-Bar in Barcelona habe ich einmal einen Koch mit einem sehr ungewöhnlichen Messer beobachtet. Sein Griff ähnelte dem klassischen Sabatier im Drei-Nieten-Design, aber die Klinge war eine winzige scharfe Klaue, keine 3 cm lang. Mein Spanisch ist furchtbar, aber ich entlockte seinem Besitzer doch eine Erklärung. Früher einmal, erzählte er und gestikulierte dabei mit seinen vernarbten Händen, hatte das Messer eine 15 cm lange Klinge. Doch im Lauf von 14 Jahren habe er es auf diese Größe heruntergeschliffen. Noch immer setzt er es an jedem Arbeitstag ein, um die Wurstpelle von der Chorizo zu entfernen. Soweit ich weiß, gibt es in keinem Küchengeschäft der Welt ein Chorizoschälmesser, aber es gibt zweifellos eines hinter der Bar des Cal Pep. Es sieht mitgenommen, aber wunderbar aus und ist ganz das Kind seines Besitzers. Dieses Messer ist ein schönes

CLASSIC
WÜSTHOF
200 years of knives
4564/20cm
Made in Germany/ Solingen

Beispiel für *wabi-sabi*, den japanischen Begriff für jenen ästhetischen Reiz, den etwas Abgenutztes ausstrahlt, das durch seinen jahrelangen Einsatz geformt wurde und das mit seiner Vergänglichkeit Charakter erworben hat.

Das Messer ist ein tägliches Instrument für die verschiedensten Berufe, die mit Lebensmitteln arbeiten. Kochmesser ähneln den heimischen Küchenmessern. Messer, die nur Fleisch oder Fisch schneiden, sehen etwas anders aus. Wie alle Werkzeuge haben sich auch Messer der Arbeit angepasst, die sie verrichten, und sind vom Geist derer geprägt, die sie benutzen. Ein feines Tourniermesser in der Hand eines Jungkochs beim Obstschneiden ist Welten entfernt von der tödlich geschwungenen Aufreißklinge eines Fischermessers an Bord eines Hochseetrawlers. Dennoch haben sich beide über Generationen durch professionelle und spezialisierte Nutzung weiterentwickelt, um ihre Funktion bestmöglich zu erfüllen.

Weil Messer auch Kampfwaffen und Schlachtwerkzeuge sind, haben viele Kulturen sie im Alltag mit so vielen Konventionen belegt, dass sie zum Tabu wurden. In den westlichen Gesellschaften sind Besteckmesser ein alltäglicher Gegenstand, andere Kulturen dagegen haben etwas so Gefährliches vom Esstisch verbannt. Denn ein Ort, an dem Speisen und Gastlichkeit regieren, so die Vorstellung in diesen Kulturen, sollte kein Platz für eine Waffe sein. Diese Art der Tabuisierung hat natürlich Einfluss auf die Küchen der Regionen.

Die Messerformen eines Landes sind oft so einzigartig wie seine Landestracht oder Sprache. Da Messer vor allem zur Speisenzubereitung verwendet werden, sind sie auch so verschieden wie die regionalen Zutaten, Wirtschafts- und Glaubenssysteme oder andere Gepflogenheiten. Das Messer wird so betrachtet zu einem Symbol menschlicher Vielfalt, und ich hoffe, jemand schreibt auch darüber einmal ein Buch.

Noch aufregender als die feinen Unterschiede finde ich aber die Gemeinsamkeiten. Dieses Buch ist sicher kein umfassendes Nachschlagewerk. Es ist nur eine sehr persönliche Auswahl an Messern aus aller Welt, die verschiedene physische Eigenschaften aufweisen und zeigen, wie sich diese in den Messern verschiedener Kulturen und Küchen widerspiegeln. Bei so viel globaler Messervielfalt ist es beruhigend zu wissen, dass wir Menschen das Messer weltweit gleichartig halten und dass wir die Gefahr, die der Klinge* innewohnt, ähnlich kontrollieren. Interessant ist auch zu sehen, wie die Möglichkeiten und die Kunstfertigkeit von Handwerkern im Laufe der Geschichte variieren, ihre Entwürfe aber letztlich immer auf eine ganz ähnliche Linie hinauslaufen – beim japanischen Shokunin ebenso wie bei der Frau, die auf einem

* Bedeutung laut Duden: „flacher, aus Stahl, Eisen bestehender, geschliffener Teil eines zum Schneiden, Stechen dienenden Werkzeugs, Gerätes. Herkunft: mittelhochdeutsch *klinge* = Schwertschneide, Schwert, zu klingen, nach dem hellen Klang, den die Klinge beim Auftreffen auf Helm oder Panzer verursacht".

indischen Markt Arbeitsmesser aus Schrottmetall fertigt. Immer muss es ein besonders schweres Messer geben, dessen Handschutz breit genug ist, um die Knöchel auch noch beim „Hammergriff“ von der Schneide zu trennen. Es arbeitet mit seinem beträchtlichen Gewicht, sei es zum Fleischzerteilen in karnivoren Kulturen oder zum Hacken besonders fester Gemüsesorten in einer vegetarischen Nationalküche. Immer gibt es auch ein Messer, mit dem man das Schneidgut in der Hand schneiden oder schälen kann. Dessen Klinge muss schmal sein, sie braucht keine Spitze, und der Griff muss dem Messer erlauben, sich zu drehen. Dabei spielt es keine Rolle, ob es aus deutschem Werkzeugstahl oder aus einem alten Sägeblatt und recyceltem Palettenholz besteht.

Beeindruckend ist, wie verschiedene Kulturen die Grundform des Messers in vielfältiger Art weiterentwickelt haben, etwa in China zum Kochmesser Chai Dao. Andere Kulturen haben die bewährten Formen mit großem Erfolg in die eigene Messerschmiedekunst aufgenommen, so haben etwa die Japaner ausgehend vom Chai Dao das Santoku entwickelt. Es ist faszinierend zu beobachten, wie sich die Kulturen auch heute noch wechselseitig befruchten: Westliche Küchenchefs schätzen japanische Klingen sehr, und inzwischen hat jeder Profikoch auf der ganzen Welt mindestens ein Santoku und ein Chai Dao. Japaner haben dagegen den Doppelschliff aufgegriffen und verbessert. Schließlich wurden weltweit die Klingen der Profikochmesser breiter und leichter.

Hält die Evolution an, dann könnte dies eines Tages zu einer Art hybridem Supermesser führen. Man stelle sich eine Klinge vor, die so scharf ist wie die eines Yanagiba, aber breit wie die eines Chai Dao oder Usuba. Mit einem Griff zum Zupacken nach westlicher Art, aber mit einem leichten Drehmoment im *wa*-Stil. Ein Messer mit dickem Kropf als Fingerschutz und der Vielseitigkeit eines Santoku. Ein Messer, das so einfach mit Maschinen produziert werden kann wie eine deutsche Edelstahlklinge und dabei so leicht ist wie ein japanisches Modell. Das würde zwar einen Bruch mit tausend Traditionen bedeuten, aber es wäre die Krönung jeder Messersammlung – als Symbol dafür, was Küche und Messerschmiede in aller Welt gemeinsam leisten können.

Küchenmesser haben eine kulturelle, historische und technologische Bedeutung, die ihren simplen Aufbau bei Weitem übertrifft. Ein Messer besitzt eine wunderbare Reinheit des Zwecks. Es ist der perfekte Ausdruck einer Form, die ihrer Funktion folgt, und dennoch verkörpert es zugleich eine Unmenge von schwer greifbaren Eigenschaften. Wenn wir ein Messer in die Hand nehmen, sein Gewicht und Potenzial spüren, dann entsteht zwangsläufig eine Verbindung zu seinem Ursprung. In manchen Kulturen spricht man sogar von der „Seele der Klinge“. Auch wenn wir vielleicht nicht so weit gehen wollen – dieses Buch hat sich ganz dem Messer verschrieben. Es wird seine materiellen Seiten erforschen, mehr aber noch seine immateriellen Werte würdigen.

ANATOMIE DES MESSERS

DIE ZWEI WICHTIGSTEN BESTANDTEILE eines Messers sind der *Griff* und die *Klinge*, darüber hinaus gibt es weitere Bereiche, die ihre Spezialbezeichnungen haben.

Die Klinge hat eine *Spitze* und einen *Rücken**, die Vorderkante ist die *Schneide*. Die teils gewellte Unterkante beim Griff heißt *Bart*, und die Spitze wird auch als *Ort* bezeichnet.

Die *Fase* beschreibt den dünner geschliffenen kleinen Streifen** bis zur Schneidkante. Der restliche polierte Bereich ist der sogenannte *Klingenspiegel*. Als *Klingenblatt* wird der gesamte sichtbare Bereich der Klinge oberhalb vom Griff bezeichnet.

Das Metall der Klinge reicht zur besseren Stabilität bis in den Griff hinein. Diesen unteren Bereich nennt man *Erl*. Japanische Messer, die traditionell mit leichterem Schwung geführt werden, haben als Erl eine kurze Stahlgabel, die im massivhölzernen Griff steckt. Bei den meisten Messern der westlichen Kultur, die für einen etwas handfesteren Hackstil taugen müssen, ist der Erl eine durchgängige Verlängerung der Klinge über den ganzen Griff – ein sogenannter *Vollerl*. Der Griff besteht aus zwei *Griffschalen*, die den Erl zu beiden Seiten einfassen und mit *Hohlnieten* zusammengehalten werden. Das abgerundete untere Ende des Griffs, das manchmal einen kleinen Knick beschreibt und auch aus dem runden Ende des Erls bestehen kann, heißt *Knauf*.

Viele Klingen, vor allem die von deutschen Kochmessern, haben am Übergang von der Klinge zum Griff einen geschmiedeten *Kropf*. Dieser stärkt die Stabilität und macht die Handhabung sicherer, indem er die Finger schützt. Profiköche halten so ein Messer im Zangengriff. Der Kropf ist die moderne Entsprechung des alten Metallstücks mit dem klangvollen Namen *Ricasso*. Dieses Stück nennt man auch *Fehlschärfe*, da es die kleine ungeschärfte Strecke der Klinge bezeichnet, die vor allem bei früheren Fecht- und Duellierwaffen direkt über dem Griff saß. Dort konnte der Zeigefinger ungefährdet ruhen und die Klinge genauer führen. Wo die Klinge auf einen Holzgriff trifft, sitzt manchmal eine *Zwinge* aus Metall oder Horn, damit kein Spalt im Holz entsteht.

* Man schreibt Messern nicht nur einen eigenen Charakter und eine Seele zu, sondern hat interessanterweise auch einige Messerteile nach Körperteilen benannt.

** Messer in den westlichen Kulturen haben üblicherweise einen doppelseitigen Schliff, sodass von beiden Seiten her ein gleichmäßiger Keil zur Schneidkante entsteht. Ein einseitiger Anschliff ergibt einen kleineren Fasenwinkel.

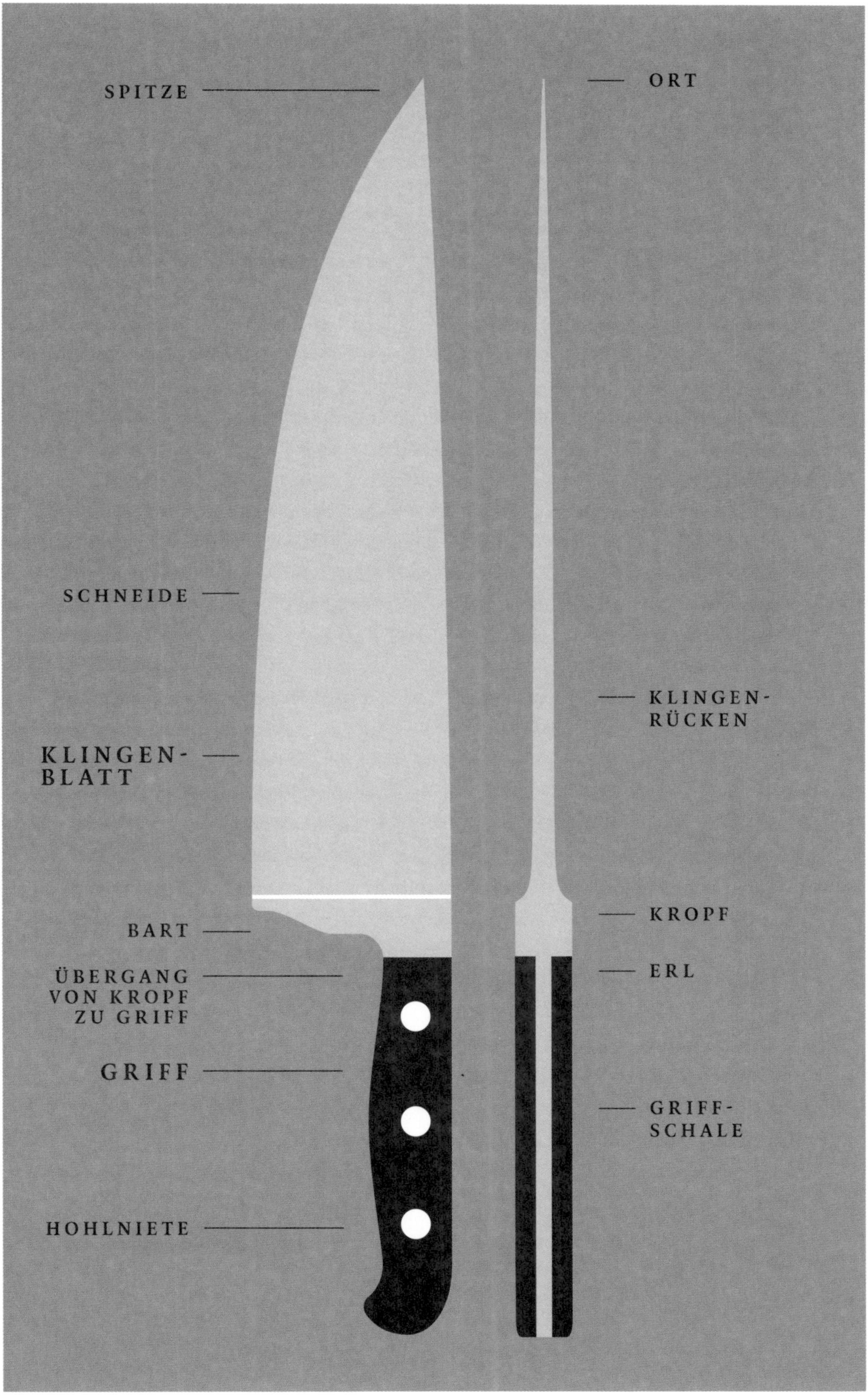
SPITZE
ORT
SCHNEIDE
KLINGEN-
RÜCKEN
KLINGEN-
BLATT
KROPF
BART
ÜBERGANG
VON KROPF
ZU GRIFF
ERL
GRIFF
GRIFF-
SCHALE
HOHLNIETE

HALTETECHNIKEN

WIE GUT EIN MESSER IN DER HAND LIEGT, wird von vielen Faktoren wie Handgröße, Griffform, Schneideabsicht und kulinarischer Tradition bestimmt. Fünf grundlegende Techniken sind dennoch auszumachen.

1. **HAMMERGRIFF.** Auf diese Weise halten die meisten ein Hackmesser oder Küchenbeil: mit dem festen Griff aller Finger rund um den Messergriff und dem Daumen in entgegengesetzter Richtung. Es ist die natürliche Haltung für einen heftigen Schlag, bedeutet aber auch, dass die Kontrolle der Klinge nur über das Handgelenk abläuft. Eine starke Technik, die aber keine Feinsteuerung zulässt. Und wer schon einmal eine Axt geschwungen hat, weiß, wie lange man üben muss, um mehrere Schläge nacheinander auf derselben Stelle zu landen. Versuchen Sie einmal, eine große und widerstandsfähige Zutat mit einem nicht sehr scharfen Messer zu schneiden, etwa einen Kohlkopf, Sie werden automatisch in den Hammergriff verfallen, kein anderer Weg führt hier durch.

2. **ZANGENGRIFF.** Fechter lernen, ihr Florett direkt unter dem Handschutz zwischen Zeigefinger- und Daumenspitze zu halten. So entsteht ein Drehpunkt mit mehr Freiheit, und die ganze Klinge kann mit den verbleibenden drei Fingern geführt werden. Der Zangengriff eines Kochs ähnelt diesem Prinzip. Daumen und Zeigefinger der Führungshand umfassen den Klingenrücken dort, wo er in den Griff übergeht, kurz über dem Kropf. Die restlichen Finger bleiben locker über dem Griff. Der Koch kann die Klinge so zum Feinhacken rasch auf und ab bewegen, aber dennoch bis zur Spitze steuern wie der Fechter das Florett. Diese Technik ist sehr exakt und erlaubt volle Kontrolle. Die rohe Kraft dabei ist sehr gering, das Schnitttempo aber umso flotter.

3. **ZEIGEGRIFF.** Eine interessante Körperprogrammierung erlaubt uns, auf einer unbewussten und instinktiven Ebene, recht exakt vorauszuberechnen, wohin genau unser Zeigefinger deutet.* Man muss nicht einmal mit zugedrücktem Auge an

* „Jeder hat die Fähigkeit, auf ein Ziel zu zeigen. Wenn ein Soldat zielt, zielt er instinktiv auf das Merkmal des Objekts, auf den sich seine Augen richten. Ein Impuls des Gehirns lässt die Waffenhand stoppen, sobald der Finger seine Zielposition erreicht hat. Das ist eine angeborene Fähigkeit, durch die ein Soldat sein Ziel sehr schnell und genau erfassen kann." (*US Army Field Manual* 3–23.35: „Gefechtsausbildung mit Pistolen vom Typ M9 und M11", Juni 2003)

dem Finger entlangzielen wie an einem Pistolenlauf, um das Ziel zu bestimmen. Es ist eine Gehirn-Muskel-Koordination, auf die wir körperlich einfach von Natur aus programmiert sind, wie beim Fangen eines Balls. Wer den Zeigefinger ausgestreckt auf den Rücken des Messers legt, bezieht die Klinge mit in diesen Instinkt ein. Diese Technik erlaubt volle Kontrolle über die Schnittrichtung. Dafür mangelt es jedoch an Kraft für einen heftigeren Druck auf die Klinge. Ein auf diese Weise gehaltenes Messer muss scharf genug sein, um mit langen, ausladenden Schnittbewegungen geführt zu werden.* So setzen Sashimi-Köche ihre Yanagibas ein.

4. **EISPICKELGRIFF.** Ähnlich dem Hammergriff, aber mit der Klinge nach unten. Der Daumen liegt oben über dem Messerknauf. Diese Haltung nehmen eigentlich nur Schlachter, Jäger oder Fischer ein, die Stücke vom hängenden Tier schneiden. Mit dieser Technik können sie enormen Druck ausüben, und die natürliche Schwungrichtung der Klinge verschont ihre freie Hand. Wer den ganzen Tag lang Thunfisch oder Rind von hängenden Leibern herunterschneidet, profitiert davon.

5. **ZUM DAUMEN HIN SCHNEIDEN.** Hierzu gehören eine schmale Klinge und ein kleiner Messergriff, da das Messer komplett unter der Kontrolle der vier Finger stehen muss, die es umfassen. Die Schneide bleibt auf den Daumen gerichtet, der das Schneidgut auf sie zutreibt. Mit derselben Technik spitzen wir Bleistifte oder schnitzen eine Spitze in einen Holzpfahl. Sie ist die einzige Ausnahme von der Regel, die Klinge niemals auf ein Körperteil zu richten. Wichtig ist hier, schnell und sehr genau zu schneiden, ohne den Daumen zu treffen. Aus diesem Grund hat das geschwungene französische Tourniermesser eine so komplexe Form.

* Chirurgen lernen, den Zeigegriff am Skalpell für lange Einschnitte zu verwenden. Beim Sezieren wechseln sie dann zum Zangengriff. Die beiden erhabenen Kreise zu beiden Seiten eines Standardskalpells markieren die Punkte, an denen sie den Zangengriff ansetzen.

SCHNEIDETECHNIKEN

BEIM SCHNEIDEN bewegen wir die Klinge mit der Führungshand durch das Schneidgut. Für die Bewegung der Klinge gibt es sieben Kategorien. Bei sechs von ihnen nimmt die Hand, die das Schneidgut hält, den Krallengriff ein (siehe S. 15).

1. **HACKEN.** Die Klinge bewegt sich senkrecht auf und ab, parallel zum Brett.

2. **WIEGESCHNITT.** Die Messerspitze bleibt in Kontakt mit dem Schneidebrett, während die abgerundete Klinge wiegend auf und ab hackt. Diese ergiebige Technik wird zum Hacken von Kräutern eingesetzt oder um das Messer bei einem zähen Stück Fleisch unter Kontrolle zu halten. Wird etwa ein dickes Geflügelgelenk durchtrennt, hält man die Spitze mit einer Hand fest und legt das ganze Gewicht auf den Griff in der Führungshand, um den Knorpel gefahrlos zu durchtrennen.

3. **IN SCHEIBEN SCHNEIDEN.** Die Schneide des Messers wird parallel zum Schneidebrett nach vorne gezogen, wobei die Kraft vom Gewicht des Messers ausgeht und nur wenig Druck mit der Hand ausgeübt wird, bis die Schneide das Brett berührt. Die klassische westliche Gemüseschneidetechnik.

4. **SASHIMI-SCHNITT.** Das Messer wird an der unteren Klingenkante angesetzt und mit nur einer Bewegung über die gesamte Länge bis zur Spitze durchs Schneidgut gezogen. Dabei wird kein Druck ausgeübt. Sashimi-Köche lassen ihre Messerklingen angeblich nie ganz das Schneidebrett berühren.

5. **„LOKOMOTIVE“.** Um Gemüse schnell zu schneiden, wird die Klinge nach vorne gezogen, halb durchgedrückt, dann zurückgezogen und nach unten gedrückt. Anschließend kommt die Klinge wieder nach oben – eine Art kreisförmige Schneidetechnik, wobei der Arm wie ein Kolben in einem Zug arbeitet.

6. **SÄGESCHNITT.** Beim Schneiden von beispielsweise hartem Brot mit einem Wellenschliffmesser ist eine Sägebewegung vor und zurück angebracht. Wer aber mit einem anderen Messer zu sägen beginnt, sollte besser die Klinge schärfen.

Diese Techniken beschreiben alle senkrechte Schnitte. Sie lassen sich aber auch in jedem anderen Schneidwinkel anwenden.

7. **WAAGERECHTER SCHNITT.** Waagerecht zu schneiden, ist in der westlichen Welt nicht sehr verbreitet – und die einzige Technik, bei der die Haltehand nicht im Krallengriff gekrümmt ist. Um Zwiebeln sehr fein zu würfeln, sind einige waagerechte Schnitte erforderlich. Die erzielen wir, indem wir die Zwiebelhälfte mit den Fingerspitzen aufs Schneidebrett drücken und den Rest der Hand weit nach oben abspreizen, falls das Messer entgleitet. Der andere bekannte waagerechte Schnitt ist der verzweifelte „Schnitt der letzten Scheibe". Dabei drücken wir das letzte Stück Brot oder Fleisch mit einer Hand flach aufs Brett und strecken die Finger beim vorsichtigen Schneiden ganz nach oben.

Selbst in der besten Küche kann es vorkommen, dass das letzte Stück für zwei Portionen reichen muss. Doch für meinen Geschmack bietet der dabei angewandte waagerechte Schnitt zu viele Möglichkeiten für katastrophale Fehler. Ein Chai Dao wird auf einem Hackklotz eingesetzt, der die Fingerknöchel schont, wenn die Klinge waagerecht geführt wird. Daher ist das waagerechte Schneiden in der chinesischen Küche sicherer und verbreiteter (siehe S. 76).

DER KRALLENGRIFF

Man könnte glauben, das Messer sei ein einhändiges Werkzeug. Aber in Wirklichkeit braucht man fürs Schneiden immer auch die andere Hand, die der Klinge Material zuführt und dieses während des Schneidens fixiert. Für die Sicherheit der Haltehand ist in der Küche der Krallengriff entscheidend. Dabei fixiert die Hand das Schneidgut von oben mit den Fingerkuppen und bildet mit den mittleren Fingergliedern* eine senkrechte Fläche, an der entlang sich das Klingenblatt auf- und abwärts bewegt. Die Fingerkuppen, die nach innen gekrümmt sind, bleiben so gut geschützt.

Mit dem Krallengriff lassen sich Zutaten extrem schnell hacken, während die Fingerkuppen sie sanft dem Messer entgegenschieben. Mit diesem Trick bezaubern Fernsehköche gerne zwiebelhackend ihr Publikum.

Trainieren Sie den Krallengriff bei jeder Gelegenheit. Denn ohne diesen Griff nützt Ihnen das beste Messer der Welt nichts.

* Ein Finger besteht aus drei Fingergliedern. Von oben nach unten sind das: Endglied (*Phalanx distalis*), Mittelglied (*Phalanx media*) und Grundglied (*Phalanx proximalis*).

MATERIAL

DIE FRÜHESTEN FORMEN von Messern wurden aus Steinen hergestellt. Feuerstein, der sich in Gegenden mit Sedimentgestein findet, und Obsidian sind sehr spröde. Sie zerbrechen aufgrund ihrer Molekularstruktur mit einem typischen Frakturmuster*, dem „Muschelbruch". Wer diese Steine zuschlägt, erkennt, wie die Bruchkanten eine höllisch scharfe, von Natur aus gezackte Klinge ergeben, mit der sich ohne Weiteres rohes Fleisch schneiden und Holz oder Knochen schnitzen lassen. Nachdem die Menschen in der Steinzeit begonnen hatten, Feuersteine zu bearbeiten, entstanden in vielen Kulturen immer raffiniertere und präzisere Feuersteinmesser. Ihre scharfen Schneiden waren allerdings nach wie vor das Resultat der ganz natürlichen Bruchkanten. Die Schärfe dieser Klingen hätte sich durch Schleifen oder Polieren nicht verbessern lassen, zumindest nicht mit steinzeitlichen Methoden. Ein kunstvoll gefertigtes, vielleicht schon elegantes Messer am Antilopenhautgürtel eines Stammesführers war sicherlich eindrucksvoll, es erfüllte jedoch seinen Zweck kaum besser als ein frisch zugeschlagener Feuerstein. Doch dies zeigt, dass prähistorische Werkzeugmacher bereits Messer schufen, deren Ästhetik in gewisser Weise wichtiger war als ihre Funktion – ein Beweis dafür, dass man Messern schon abstrakte Werte zuordnete.

Messer aus Kupfer und Bronze kamen ins Spiel, sobald die Menschen diese neuen Materialien entdeckt hatten. Diese Stoffe waren allerdings sehr weich. Ein so weiches Metall kann als leichte Pfeilspitze oder funktionstüchtige Stichwaffe dienen, aber eine daraus gefertigte Schneide bleibt nicht lange scharf. Daher war ein Feuerstein vermutlich das beste Werkzeug, um Fleisch zu schneiden, auch dann noch, als Bronze sich allmählich durchsetzte. Schließlich kam das Eisen auf. Und auf einmal erschienen geschärfte Klingen mit echtem Potenzial auf der Bildfläche.

Eisen wird aus Eisenerz gewonnen, lange Zeit wurde das Metall in der sogenannten Verhüttung von der Schlacke getrennt. Heute wird das Erz meist in Hochöfen extrem stark erhitzt, bis es schmilzt. Bei diesem Vorgang kann sich die Qualität des späteren Metalls auf vielerlei Weise verändern. Das Roheisen ist hart und lässt sich in Form gießen, aber es ist auch extrem spröde. Ein aus rohem Eisen geschmiedetes Messer zerbricht leicht, wenn man es fallen lässt. Stahl jedoch, eine Legierung aus

* Das Muster entsteht aus der Stoßwelle, die sich vom Aufschlagpunkt aus wie Wellen auf einem Teich ausbreitet. Ein durch Temperaturveränderung hervorgerufener Bruch sieht anders aus. Muschelbruchmuster im Gestein gelten daher als Anzeichen für menschliches Eingreifen.

Eisen und bis zu zwei Prozent Kohlenstoff, ist unglaublich widerstandsfähig. Er bleibt in der Schmiede *bruchfest* und *formbar*, und er ist *bildsam*, lässt sich also dehnen und strecken. Für die Schneidfähigkeit eines Messers entscheidend sind seine Bruchfestigkeit und seine Schärfbarkeit – also wie leicht es sich schärfen lässt und wie lange diese Schärfe hält. Nicht ganz so wichtig in Bezug auf seine Funktion, aber dennoch bedeutsam für seinen Besitzer sind seine Resistenz gegen Rostfraß und seine Ästhetik.

Indem wir den Anteil an Kohlenstoff verändern, schaffen wir Stahlsorten, die alle gewünschten Grade an Härte und Bildsamkeit aufweisen. Oder wir können die Legierung um kleine Mengen weiterer Metalle ergänzen und so Farbe und Langlebigkeit beeinflussen.

Eisen und Stahl können wir *gießen*, also in geschmolzenem Zustand in eine Gussform geben und aushärten lassen. Oder wir können sie *schmieden*, sie also extrem erhitzen, bis sie nachgeben, und sie dann durch Druck oder Hammerschläge in Form bringen. Die Rohklinge, aus der das spätere Messer entsteht, kann aus geschmolzenem Metall gegossen sein, aus einem erhitzten Stahlklumpen gehämmert, zwischen gigantischen Walzen ausgerollt oder sogar weiß glühend wie Zahnpasta durch eine profilierte Öffnung ausgeschossen werden. Jede dieser Techniken verändert einige der Eigenschaften des Ursprungsmaterials ebenso wie die Bearbeitung bei unterschiedlichen Temperaturen. Obwohl Stahl weltweit als Inbegriff von Härte, Langlebigkeit und Reinheit gilt, ist er doch letztlich ein höchst wandelbares Material.

Sehen wir uns ein maschinell hergestelltes Modell an, beispielsweise das Wüsthof Dreizack Classic 4584/26, das auf Seite 52 abgebildet ist. Die Klinge besteht aus Stahl, einer Legierung mit exakt berechneten Anteilen an Chrom (Cr), Molybdän (Mo) und Vanadium (V) und besitzt eine laborgetestete Rockwellhärte von 56 HRC. Sie wurde sorgsam den Vorteilen des Materials gemäß ausgewählt. Monströse Maschinen mit unvorstellbarer Kraft haben sie geschmiedet, und computergesteuerte Apparate haben sie auf den Mikrometer genau geschliffen. Die Hitze wurde aufs Hundertstelgrad präzise festgelegt und das fertige Messer nach allerhöchsten Standards auf seine Unfehlbarkeit getestet. Wer wie ich auf Technologie steht, der versteht, was ich sagen will: Dieses Ding repräsentiert den Höhepunkt all dessen, was die menschliche Wissenschaft, Technik und Gestaltungskraft hervorbringen kann. Es in der Hand zu halten, bedeutet, das auch zu spüren. Wie ein künstliches Gelenk oder Motorteil in einem millionenschweren Kampfjet ist jedes einzelne Messer, das diese Fertigungshalle verlässt, absolut identisch. Es ist eines der besten Messer der Welt, von unübertroffener Effizienz und Zweckdienlichkeit.

Nun stellen wir uns ein Messer vor, das in einer ganz anderen Tradition entsteht. Härtester Stahl für die scharfe Schneide wird in einen weicheren, weniger spröden

WÄRMEBEHANDLUNG

Früher bedeutete die Wärmebehandlung von Metall, dass man es in eine Esse schob, bis der richtige Hitzegrad erreicht schien. Die richtige Temperatur erkannte man an der Färbung des Materials. Dann wurde das Metall in Wasser oder Öl „abgeschreckt". Der Vorgang dient der Erhärtung von Stahl oder Gusseisen. Hierbei findet die Umgestaltung der mikrokristallinen Strukturen statt. Heute geht das sehr viel präziser: Wenn man Metall über exakt festgelegte Zeiträume hinweg hohen Temperaturen aussetzt und die Abkühlung genau kontrolliert, lassen sich seine Eigenschaften viel subtiler beeinflussen.

Ich besuche eine moderne Wärmebehandlungsanlage, um zuzuschauen, wie Rohklingen behandelt werden. Eine kleine Werkstatt in einem Industriegebiet bei Derby, von außen völlig unauffällig. Im Innern aber tobt eine Art mittelalterliche Unterwelt voller verkrusteter Kessel mit geschmolzenem Cyansalz, von der Decke baumeln Ketten an gruseligen Haken, und ein permanent pochendes Geräusch ist zu hören. Doch erscheinen keine schwitzenden Dämonen oder Kobolde im Lendenschurz, sondern ein netter Kerl namens Simon. Hier, sagt er, könnten sie fast jedes Metall zu fast allem bringen. Auf einige tausend Grad in der Salzschmelze erhitzt, lassen sich die chemischen Bestandteile und Molekülketten bis zur Unkenntlichkeit manipulieren.

„Was glaubst du ist das?", fragt er und hält mir einen stumpfen grauen Metallpilz von unerklärlichem Gewicht unter die Nase. „Daraus wird mal der Riegel, der den Deckel von einem Atommüllgefäß an seinem Platz hält."

Unsere Rohklingen werden in einem leeren Gefäß langsam auf etwa 500 °C erhitzt. „Nur ein warmes Vollbad zur Einstimmung", meint Simon. Dann lassen wir sie bei etwa 1200 °C in ein Flüssigsalzbad hinab. Staubpartikel flirren hoch, während ich gebannt zusehe. Ein Schauspiel von absurder Schönheit, aber solch eine Hitze habe ich noch nie erlebt. Die Luft fühlt sich zu dick zum Atmen an. Simon fischt die Klingen aus dem Salz, lässt sie wie Fische an einer Angel über den Werkstattboden tanzen und senkt sie dann zum Abkühlen in einen riesigen Tank aus schwarzem Öl hinab, das feindselig aufzischt.

Das ist sicher nicht die übliche Arbeitsweise von selbstständigen Messerschmieden. Aber man beginnt zu experimentieren. Stellen wir uns nur ein großes Kochmesser vor, das sich zentimeterweit biegen lässt und dann wieder zurückspringt. Oder eine starre Klinge ohne schweren Klingenrücken. Spannende Zeiten ...

Stahl wie zwischen zwei Sandwichscheiben eingefügt. Dann hämmert eine gute Stunde lang ein Mann darauf ein, der von keinem präziseren Computer gesteuert wird als dem in seinem Schädel. Das Profil ist seine Erfahrung. Die Temperatursteuerung erfolgt durch seine Beurteilung des Farbtons, in dem das Metall glüht. Er schlägt auf dieses heiße Stück Metall ein, bis er ihm eine molekulare Veränderung eingetrieben hat. Kohlenstoff aus seiner Esse verbindet sich mit der Metalloberfläche, und die kristallinen Strukturen der Metalle richten sich stellenweise gemäß der Hammerschläge neu aus. Dieses Messer wird nie ein Labor sehen, und niemand könnte behaupten, sein Material sei homogen mit exakt festgelegten Anteilen von Cr, Mo und V. Die ultimative Beurteilung seiner Härte erfolgt nicht nach Rockwell, sondern steht nur dem Koch zu, der es mit nach Hause nimmt. Wer wie ich auf Handwerkskunst steht, der versteht, was ich sagen will: Dieses Ding repräsentiert die erfinderische und kreative Entwicklung einer gesamten Zivilisation und ist der individuelle Ausdruck höchsten kunsthandwerklichen Geschicks. Unter solchen Messern finden sich die schönsten Exemplare der Welt, von denen keine zwei sich gleichen. Sie sind schwer zu handhaben, aufwendig zu pflegen – und atemberaubend schön.

Zurzeit herrscht eine wahre Renaissance der Messerschmiedekunst, nicht nur in Japan. Schmiede wie Bob Kramer aus den USA (siehe S. 61) oder Joel Black aus England, Kollektive wie Doghouse oder Blenheim Forge produzieren herrliche Messer voller Charakter und Temperament.

Was das Resultat betrifft, so ist es nicht leicht, sich zwischen der Ehrfurcht gebietenden Technologie eines maschinell hergestellten Messers und der Kunstfertigkeit, die in ein handgeschmiedetes Messer fließt, zu entscheiden. Daher muss ich die Herstellung eines Messers am eigenen Leib erfahren. Ich muss selbst ein Messer schmieden.

JAPAN

EIN MESSER ENTSTEHT

DAS LEBEN EINER KLINGE BEGINNT mit einigen Stahlteilen, so dick wie Metallfolie. Die können wir mit einem Cutter und einem Lineal passend ausschneiden. Wir zählen sie und stecken sie vorsichtig auf das Ende eines Stahlstabs. Ein paar Mal mit dem Schweißbrenner darüber, und sie sind grob zusammengefügt.

Vor der Werkstatt steht auf einer abgenutzten Bank die Esse. Sie besteht aus einem alten Propangaszylinder, der seitlich auf Metallbeinen aufliegt. Das Oberteil ist entfernt, und eine dicke Schicht Mineralwolle dämmt die Innenseiten. Ein mit einem Regler versehenes Abgasrohr wurde seitlich in den Zylinder gejagt; jetzt erwacht es lautstark zum Leben. Binnen Minuten glüht die Esse – ein tosender Schlund aus Orange und Weiß inmitten eines betäubenden Hitzedunstes. Ich schiebe meinen laminierten Metallstab hinein und manövriere ihn möglichst nah an die Flamme heran. Bald glüht auch er, also ziehe ich ihn wieder heraus und bestreue die schwelende Spitze mit Borax*. Dann wieder hinein in die Esse. Das Borax schmilzt und wirft Blasen, und nach einigen weiteren Prisen heben wir den glühenden Klumpen in die Schmiedepresse.

Im tiefsten Innern ist die Schmiedepresse ein Hydraulikzylinder, wie man sie an den Aufsätzen bei Müllwagen oder am Arm von Baggern sieht. Ihn umgibt ein Rahmen aus Vierkantstahl. Der gesamte Druck der Presse richtet sich darauf, zwei Stahlblöcke so dicht wie möglich zusammenzufügen, und das in einem Raum von der Größe eines Schokoriegels.

Ein Hydraulikzylinder dieser Größe könnte leicht ein Auto auf einen Lkw heben. Stellen Sie sich nur den Druck vor, der dadurch auf einer unbeweglichen Fläche lastet. Stellen Sie sich vor, Ihr Finger geriete dort hinein ... oder besser nicht. Auf jeden Fall reicht der Druck problemlos aus, um die glühend heißen Metallstücke gründlich zu quetschen. Jede Betätigung presst sie immer dichter zusammen, bis sie zu einem Stück werden. Fast 20-mal holen wir das Metall aus der Esse und stecken es in die Presse, bestreuen es mit Borax und setzen es dann wieder der unerbittlichen hydraulischen Kraft aus.

Schließlich ist das Metallsandwich ein homogenes Werkstück geworden, und die Schmiedekunst von Hand beginnt. Wir halten das Metall in die Flamme, bis es

* Borax (Natriumtetraborat Decahydrat) ist ein Salz aus Borsäure und wird als Schweißpulver verwendet. Es senkt den Schmelzpunkt von Eisenoxid und verbrennt rückstandsfrei. Borsäure wurde früher auch zur Konservierung von Lebensmitteln eingesetzt und war möglicherweise der Stoff, mit dem man einst Pharaonenkörper für die Ewigkeit präparierte.

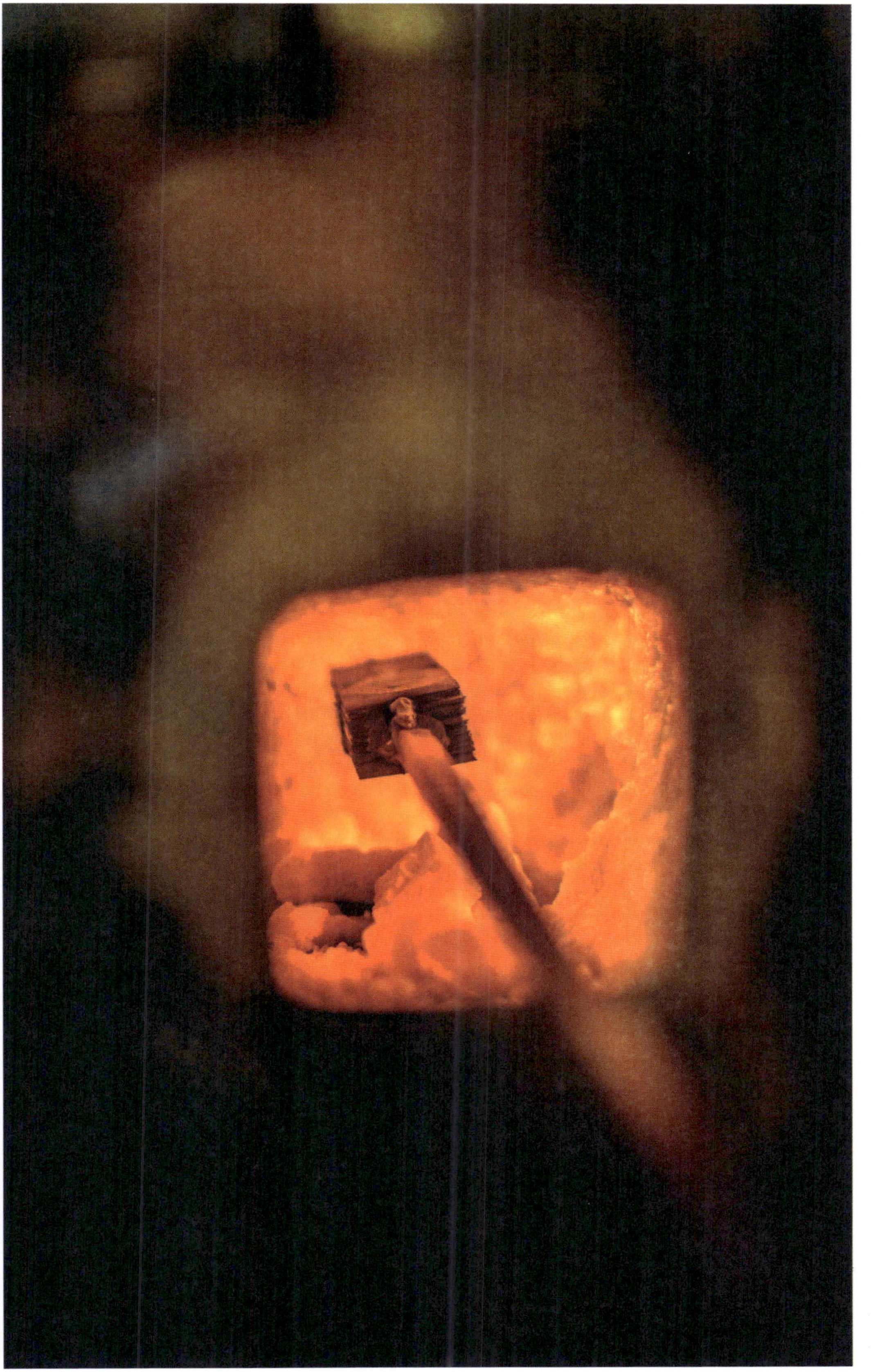

wirklich richtig glüht. Nun können wir das Stück auf dem Amboss mit einem kurzen Vorschlaghammer bearbeiten.

Bis jetzt hatte ich mir glühend heißes Metall immer biegsam vorgestellt, vielleicht so wie zähe Knetmasse. Aber in Wirklichkeit ist es immer noch hart. Bei diesen Temperaturen macht die Hitze den Stahl nur etwas weicher. Im Grunde hämmern wir auf etwas ein, das nur unwesentlich mehr nachgibt als das feste, kalte Metall des Ambosses – allerdings mit der schaurigen Erkenntnis, dass sich unser Werkstück in Bruchteilen von Sekunden durch Kleidung und Fleisch brennen würde. Das Gute daran ist, dass ich kaum etwas falsch machen kann: Kein einzelner Hammerschlag könnte diese Klinge tatsächlich ruinieren. Den gleichen Schlag immer und immer wieder auszuführen, ist allerdings mehr als anstrengend.

Ich bin nicht gerade klein. Tatsächlich bin ich wohl kräftiger gebaut als der Messerschmied. Dennoch kann ich nach etwa 20 Schlägen kaum noch den Hammer heben. Meine Unterarme verkrampfen sich, meine Schultern schmerzen gewaltig. Der Schmied greift ein und zeigt mir, wie ich den Hammer fallen lassen muss – ihn nur leicht mit der Hand führen, unten abprallen lassen und eigentlich nur beim Ausholen einmal ein wenig Kraft in den Schlag legen. Mit dieser Technik kann ich weiterhämmern. Ich schätze, wir beide brauchen rund 200 Schläge, bevor die Klinge grob in Form ist.

Danach kühlen wir die heiße Klinge in Öl ab, was das Messer ein wenig härtet. Wir zeichnen mit einer Schablone und einem Marker die Form der Klinge auf. Mit einer riesigen, an der Bank befestigten Schere entfernen wir überschüssige Metallspäne von der Klinge, um das richtige Profil zu schaffen. Nun ist es Zeit für das Schleifrad.

Der runde Schleifstein hat einen Durchmesser von 1,5 m und ist gut 15 cm dick. Er hängt halb eingezimmert in einem hölzernen Rahmen und wird an der Radachse von einem leistungsstarken Motor betrieben. Nachdem der Motor angelassen wird, dauert es fünf Minuten, bis er in voller Fahrt ist. Der Stein wiegt kaum weniger als ich und dreht sich jetzt mit 7000 Umdrehungen pro Minute. Wenn man den Motor wieder abschaltet, wird er fast 15 Minuten brauchen, um zum Stillstand zu kommen. Würde er sich jetzt irgendwie aus seiner Halterung lösen, würde er durch die Ziegelmauer gegenüber (und möglicherweise noch zwei Nachbarhäuser) brechen. Ich muss mich quer über das Gehäuse zum Schleifrad lehnen.

Auf die Oberfläche wird Wasser gesprüht, um sie während des Schleifens zu kühlen, aber es hat doch etwas Beunruhigendes, das Gesicht einer potenziell so zerstörerischen Maschinerie zu nähern und den Stahl dagegenzuhalten. Zwischen Wasser, Dampf und sprühenden Funken nimmt die Klinge ganz allmählich Form an. Wieder geht es nur langsam voran. Das Metall wird nur so sachte abgetragen, dass kaum Gefahr besteht, dabei zu weit zu gehen.

Zwar werden noch geschicktere Händen als meine die Klinge weiterbearbeiten, aber jetzt sieht sie doch schon aus wie eine Klinge. Es ist ein recht hässliches Ding – dunkel, matt, rau und roh. Doch in ihr steckt viel mehr, etwas Mächtigeres. In den letzten paar Stunden habe ich beobachtet, wie Tausende von Kilojoule Energie in diesen Klumpen Metall geflossen sind, Tausende von Hitzegraden, Tonnen hydraulischen Drucks und Hunderte von Hammerschlägen, die meinen Oberkörper völlig ausgelaugt haben. Ich verstehe zwar genug von Physik, um zu wissen, dass diese Energie gestreut wurde, aber dennoch scheint ein Echo davon in der Klinge zu verbleiben. Es kommt mir vor, als könnte all diese Kraft, wenn ich nur den richtigen Schalter fände, wieder aus ihr herausströmen wie aus einer Art kulinarischem Lichtschwert.

Eine sonderbare Offenbarung. Sicherlich werden auch unsere Autos und Uhren von Maschinen gefertigt, doch das passiert in sicherer Entfernung in einer Fabrik. Von eigener Hand ein Messer zu schmieden, hat mir eindringlich klargemacht, welche Kraft und Mühe dazu gehört. Und auf sonderbare Art scheint das Messer all das in sich zu speichern.

Sehr beliebt sind zurzeit Damastmesser aus Damaszener Stahl. Diese werden aus Stahlblocks geschmiedet, die aus vielen Metallschichten bestehen. Die Klingen präsentieren sich fertig poliert und geätzt in einem beeindruckenden optischen Effekt. Ich selbst war schon immer ein Befürworter der Maxime „Form folgt Funktion“ und habe mich lange gefragt, warum wir uns bei Kochmessern überhaupt mit dem Damasteffekt abmühen. Das Beschichten hatte bei Schwertern sicher seine Berechtigung. Es war lebenswichtig, dass die Klinge beim Durchbohren des Gegners nicht zerbrach. Aber wenn unser Gegner eine Tomate ist, schien mir Damast einfach übertrieben. Heute sehe ich das anders. Eine Damastklinge legt offen dar, was bei ihrer Herstellung getan wurde. In ihr manifestiert sich all die Mühe, die dazugehört, 65 Schichten Stahl derart miteinander zu verbinden. Und das Ergebnis ist wunderschön.

DIE MESSERSCHMIEDE

JONATHAN WARSHAWSKY, James Ross-Harris und Richard Warner sind zusammen Blenheim Forge. Das ist eine der seltenen britischen Messerschmieden, die sich auf Koch- und Küchenmesser spezialisiert haben und auch ihr Metall selbst schmieden, statt vorgefertigte Rohklingen aus dem Fachhandel zu beziehen. Irgendetwas an den langen Arbeitstagen, die die Messerschmiede damit verbringen, mit dem Hammer auf glühend heißes Metall einzudreschen, scheint ihr Zeitgefühl durcheinanderzubringen. Es hat jedenfalls gedauert, bis unser Treffen zustandekam. Jon kommt als Erster zu mir ins Café. Seine Kleidung überzieht eine Schicht, die jeder kennt, der mit Schleifmaschinen arbeitet: eine Mischung aus Öl, Schmutz, Metallstaub und Rost.

Ich frage, wie sie aufs Messerschmieden gekommen sind.

JW: James und ich lebten im selben Haus und hatten etwas Zeit. Also fingen wir mit Heimwerken an, das trifft es wohl am besten. So ein paar Projekte an den Wochenenden. Wir versuchten, aus einer Mikrowelle ein Schweißgerät zu machen, bauten einen Räucherofen und einen Grill, zimmerten einen Whirlpool im Garten. Ich war mit meiner Doktorarbeit in Philosophie beschäftigt und saß stundenlang nur über Büchern oder am Computer. Wer so lange nur auf einen Bildschirm starrt, dem juckt es irgendwann in den Fingern. Ich denke, ich brauchte dringend etwas Abwechslung vom Dauerdenken.

Für unsere Vorhaben schauten wir uns immer Videos auf YouTube an. Und wenn jemand nach selbst gebauten Schweißgeräten und Räucherofen sucht, dann empfiehlt YouTube früher oder später: „Wie wäre es mal mit diesem Video über Messer?“ Ich bin nicht unbedingt stolz auf diese Geschichte, aber so fing es an. Wir wollten keinen Traum verwirklichen, sondern sahen dieses Video und fanden die Idee einfach interessant.

Ich habe zu dieser Zeit auch als Tischler gejobbt und Möbel aufbereitet – „Upcycling“ hieß das. JRH arbeitete als Schweißer. Bei diesen Jobs braucht man eine Menge teurer Werkzeuge und Maschinen und hat kaum Aussichten, sich selbstständig zu machen. Zum Messerschmieden, so dachten wir, bräuchten wir nicht mehr als einen Amboss, einen Hammer und Feuer. Dachten wir. Eines Sonntags holten wir uns also einen Haufen alter Feilen vom Peckham Market und ein paar Stahlabfälle und versuchten uns an einem Damastknüppel.

Wer sich schon einmal mit der Herstellung von Messern beschäftigt hat, weiß, dass das eine fast lächerlich naive Idee ist. Die meisten könnten ewig davon berichten, wie lange es dauerte, bis es ihnen gelang, aus Bruchstücken so etwas wie eine grobe Klinge zu hämmern. Lange bevor sie von etwas so Komplexem wie einer Damastklinge auch nur zu träumen wagten ... Doch die Blenheim Boys hatten wohl davon nichts gehört.

Wir hatten nicht genug recherchiert und keine Ahnung von den Schwierigkeiten, die uns erwarteten. Wir wussten nichts. Wir experimentierten mit den falschen Methoden und den falschen Temperaturen ... und dennoch hatten wir am Ende aus irgendeinem Grund ein fertiges Messer. Und dieser unerklärliche Erfolg motivierte uns. Es kam uns vor, als wäre das ganz leicht gewesen, und wir dachten: „Na, dann machen wir mal ein ganzes Set davon." Danach verbrachten wir mehr als ein Jahr mit dem Versuch, diesen ersten Erfolg zu wiederholen. Mit unserer Esse für den Hausgebrauch und unserem winzigen Amboss kriegten wir es einfach nicht hin. Wir versuchten es mit immer neuen Temperaturen.

Das war echtes Glück. Wäre dieses erste Experiment missglückt, hätten die beiden stattdessen unter die Bierbrauer gehen können. Aber das Messerschmieden hatte es ihnen angetan.

Vielleicht hätten wir es nie wieder versucht oder zumindest nach zwei Versuchen aufgegeben. Wir hätten erkennen können, dass das zu kompliziert für uns ist, und uns das nächste Handwerk vornehmen können. Aber wir hatten es schon einmal geschafft und wussten, wir könnten es wieder schaffen. So einfach ist das. Der aberwitzige Irrglaube, dass man in einer Stunde ein Messer herstellen könnte, trieb uns ein ganzes Jahr lang in die Frustration. Morgens bereiteten wir den Knüppel vor, gingen dann zur Arbeit, kamen zurück und zogen uns nicht mal mehr um, bevor wir im Garten die Esse anwarfen und anfingen zu schmieden. Es klappte nicht. Wir gingen schlafen und hatten Albträume von Stahl und zerstörerischem Feuer.

James und Richard kommen herein, ohne sich um die konsternierten Blicke der anderen Cafégäste zu kümmern. Sie haben gerade einen gewaltigen Motorhammer in ihre neue Werkstatt gebracht, und neben ihnen sieht Jon fast herausgeputzt aus.

JRH: Wir waren ganz erfolgreich. Es hätte schlechter laufen können.
RW: Keine Probleme.
JW: Ich hatte den Job mit den Möbeln längst aufgegeben, aber es dauerte noch eine Weile, bis wir eine Werkstatt einrichten konnten, und dann noch länger, bis wir etwas verkaufen konnten. Zu Anfang haben wir die Messer einfach verschenkt. Seine

Cousinen haben eins bekommen und meine Mutter auch. Es verging viel Zeit, bevor wir endlich ein Produkt hatten, von dem wir glaubten, dass wir es für Geld verkaufen konnten.

JRH: Dann fingen wir an, die Messer an die Leute in der Gegend zu verkaufen, aber immer unter der Voraussetzung, dass wir Ersatz leisten würden, wenn etwas damit nicht in Ordnung wäre. Man ist nicht plötzlich in der Lage, hochwertige Messer herzustellen, nachdem man zwei oder drei geschmiedet hat. Man muss lange üben. Jetzt sind wir in der Herstellung viel schneller geworden, also lohnt es sich. Früher steckten weit mehr Arbeitsstunden in jedem Messer, und wir mussten viel dabei lernen.

RW: Zum Teil liegt das am Werkzeug. Hätten wir 20 000 Pfund gehabt, um sie gleich am Anfang in Werkzeug zu investieren, wäre das alles schneller gegangen.

JRH: Aber es wäre nicht der beste Weg gewesen. Ich glaube, je langsamer wir vorankamen, desto mehr haben wir dabei gelernt. Am Anfang hätten wir ja noch nicht einmal gewusst, welche Werkzeuge wir wirklich brauchen.

JW: Im Nachhinein denke ich, wir hätten die Zeit genauso gut nutzen können, das alles von einem Profi zu lernen. Aber dieses viele Herumexperimentieren bedeutete auch, dass wir die meisten Fehler, die wir machen konnten, selbst erfahren und erkannt haben. Außerdem hatten wir den Vorteil, dass keiner von uns aus Not auf schnellen Erfolg angewiesen war. Wir leben alle recht bescheiden zur Miete ...

JRH: Ja, das war wirklich nicht so entscheidend. Auch die Werkstattmiete ist günstig, und im ersten Jahr reichte unser Gewinn, um die Rechnungen zu bezahlen. Wenn etwas übrig blieb, ging es direkt in neue Werkzeuge. Wir hatten immer noch Teilzeitjobs. Bevor ich ganz selbstständig wurde, arbeitete ich noch drei Tage pro Woche als Schweißer. Das Geld ging mir eigentlich erst dann aus, als wir anfingen, etwas zu verdienen. Denn von da an mussten wir auch unseren Unterhalt finanzieren.

JW: Das nennt man dann wohl organisches Wachstum.

Die vielen Dreadlocks um mich herum lassen mich mutig werden, und ich stelle die heikle New-Age-Frage: Hat ein Messer eine Seele?

JRH: Ich würde sagen, sie sind alle verschieden. Es beginnt damit, dass ja jeder Hammerschlag an einer etwas anderen Stelle landet, und beim Schleifen suchen wir erst den Kern der Klinge und stellen den Schliff dann darauf ein. Schon wenn wir den Stahl in der Schmiedepresse bearbeiten, beeinflusst es das Aussehen der späteren Klinge. Diese ersten Schritte bestimmen also alles Weitere. Mit der Zeit haben wir unsere Methode oft verändert und angepasst. Jedes Ergebnis geriet etwas anders als das vorherige. Das war ein langer Lernprozess. Aber ich denke, jetzt sind wir so weit, dass unsere Messer zumindest gleichmäßig gut geraten.

Ich frage, ob sich ein bestimmter Stil aus ihrer gemeinsamen Arbeit entwickelt habe.

JRH: Wir hatten vermutlich schon immer eine vage Vorstellung davon, wie unsere Messer sein sollten. Keine ausgefallenen Griffe, eher schlicht und mit voller Konzentration auf die Klinge. Sie orientieren sich am japanischen Stil, aber wir kämen nie auf die Idee, uns „Japanische Messerschmiede" zu nennen. Die Damasttechnik gibt es ja überall auf der Welt.* Ich weiß gar nicht, wie es kam, dass man sie heute meist mit Japan in Verbindung bringt.
JW: Die Form der Klingen, die Fasenwinkel beim Schärfen und auch die Griffe sind wohl von der japanischen Tradition beeinflusst.
JRH: Und auch die Stahlsorten.
JW: Der Stahl, die Härte des Stahls ... ja, da haben wir die Japaner zum Vorbild.

Zurzeit wartet man Monate für Messer aus der Blenheim Forge. Prominente lassen sie sich nach Maß anfertigen. Auch die Medien sind auf den Charme dieser drei fotogenen jungen Männer, die wie kleine Strolche aussehen, aufmerksam geworden. Ich möchte wissen, wie ihre Pläne für die Zukunft aussehen: Fernsehen, Handel, Lizenzen?

JW: Mehr Messer.
JRH: Weitermachen, denke ich. Immer weitermachen. Hat wer was anderes vor?
JW: Nein.
RW: Nicht wirklich.
JRH: Ich schätze, wir bleiben noch eine Weile bei den Küchenmessern. Das ist irgendwie unser Ding.
RW: ... einen guten Ruf erwerben und ihn nicht wieder verlieren.
JRH: Ich glaube schon. Wir lernen ja immer noch eine Menge. Wir verbessern unsere Arbeit jeden Tag und jede Woche.

* Die Bezeichnung „Damast" oder „Damaszener" galt ursprünglich einer Metallverarbeitungstechnik, die über das syrische Damaskus als Importstadt bekannt geworden war. Der sogenannte Tiegelstahl oder Wootz kam aus Indien. Er entstand in einem uralten und heute längst verlorenen Verfahren. Dazu gehörte Eisenerz, das in Lehmtiegeln versiegelt hohen Temperaturen ausgesetzt wurde. Die so entstandenen Barren waren voller Unreinheiten. Verschiedene Legierungen zeichneten sich darin schichtweise ab, verstärkten den Stahl und bildeten hübsche Muster. Moderne Damastmesser imitieren den alten Wootz-Effekt durch Lagen sorgsam ausgewählter Stahlsorten, die unter enormer Hitze vermengt werden, bis sie eine ähnliche optische Struktur bilden. Dieses Material wird korrekter als Schweißverbundstahl bezeichnet. Er lässt sich beim Schmieden drehen, schneiden, falten oder stanzen, bis die gewünschte Musterung entsteht. Metallurgen haben bisher erfolglos versucht, echten Wootz nachzubilden. Bis ihnen das gelingt, müssen wir mit unserem eigenen, nicht weniger wunderhübschen „Damaszener" vorliebnehmen.

OBEN LINKS: JONATHAN WARSHAWSKY
OBEN RECHTS: JAMES ROSS-HARRIS
UNTEN: RICHARD WARNER

PN005
201 PURE NICKEL SHEET
005" X 6" X 12"
WWW.KNIFEMAKING.COM
MADE IN
U. S. A.

Fucked
Not Fucked
BRITOOL

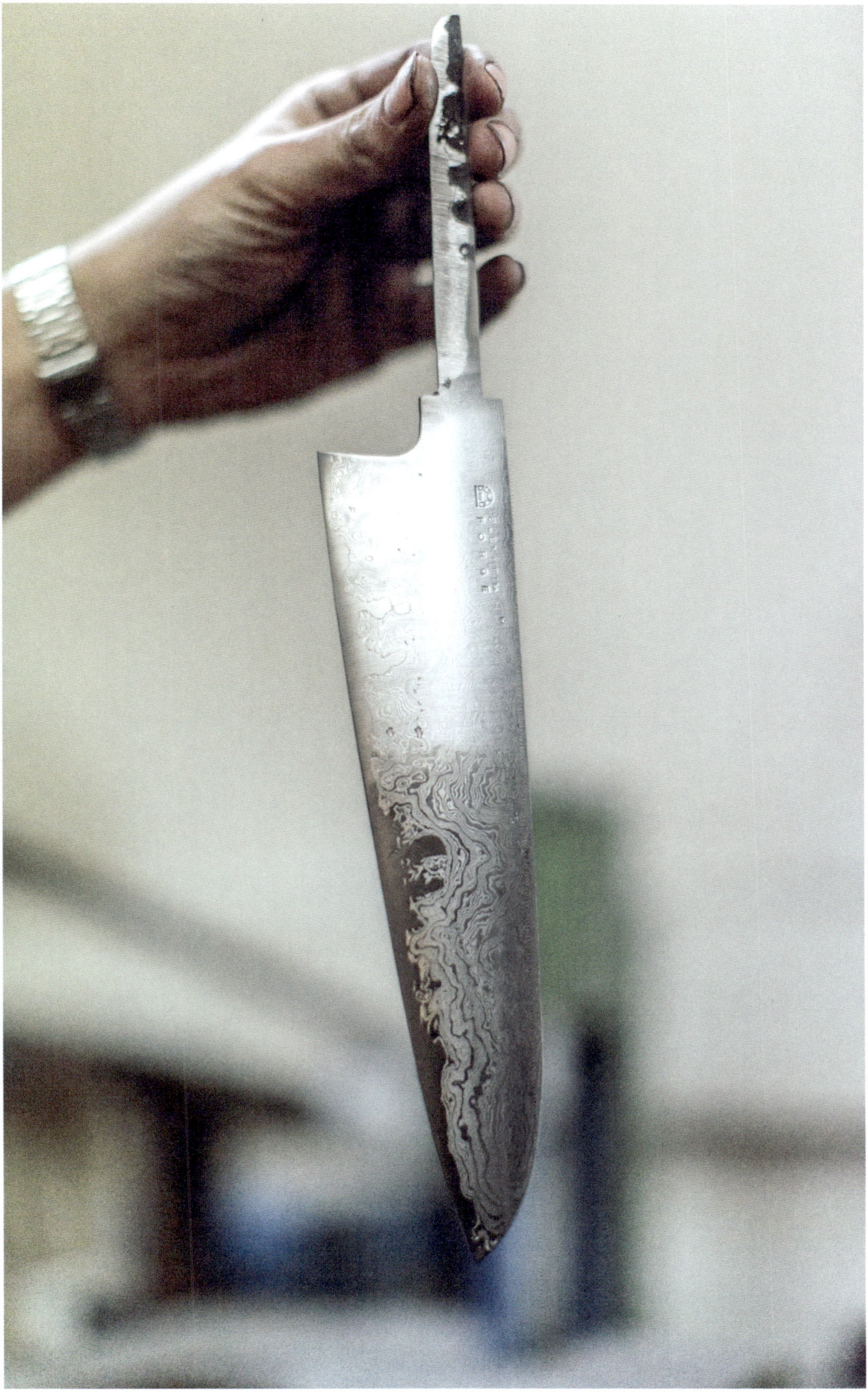

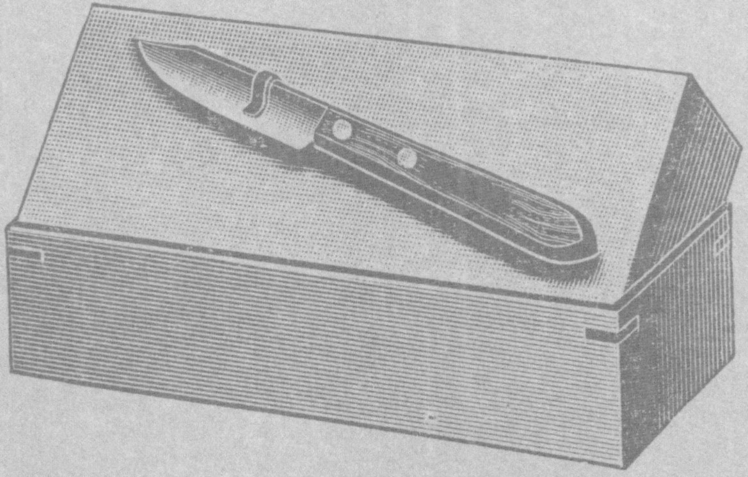

DIE MESSER

DAS KOCHMESSERSET

IM MESSERKASTEN ODER MESSERBLOCK, in der Rolltasche oder Schublade: Unser Messerset ist stets mehr als nur die Summe seiner Teile. Vielleicht sind die Messer geerbt, oder wir haben sie heimlich bei anderen Köchen mitgehen lassen, oder es sind langatmige und kostspielige Kaufprozesse vorangegangen. Wie sich unsere Messer auch zusammengefunden haben, die Sammeltätigkeit ist auf alle Fälle ein aktiver evolutionärer Vorgang. Ein nutzlos gewordenes Messer wird entsorgt, ein beschädigtes abgestoßen oder nach erfolgreicher Reparatur in die Produktivität zurückgeführt. Wir schärfen die Messer wie besessen oder spüren eine beständig nagende Schuld wegen der „längst mal wieder fälligen" Pflege. Mit wachsendem Können entwickeln wir neue Bedürfnisse, daraus entstehen neue Vorlieben, und so tätigen wir neue Anschaffungen. Kein Wunder, dass so viele Köche ihre Rolltasche mit Argusaugen bewachen, ist sie doch ein gefährlich akkurater Spiegel ihres Charakters.

In jeder Sammlung scheint es ein Meistermesser zu geben, das am häufigsten zum Einsatz kommt. In unserer westlichen Tradition ist das meist das altehrwürdige Kochmesser französischen Stils. Das erscheint logisch, da die qualitativ hochwertigen Küchen im Westen – zumindest wenn ihre Köche eine formale Ausbildung hatten – meist auf der französischen Cuisine gründen. Ein moderner Küchenchef könnte ohne Weiteres Escoffiers Kochmesser benutzen, und Letzterer hätte im Gegenzug sicher keine Schwierigkeiten mit dessen moderner Variante gehabt.

Seine geschwungene Klinge wiegt sich beim Hacken von Kräutern und Fleisch. Dank ihrer Länge können größere Proteinbrocken problemlos in Scheiben geschnitten werden. Der Messergriff sitzt so hoch, dass die Fingerknöchel das Schneidebrett nicht berühren. Profiköche sind stolz darauf, dass sie fast alles in der Küche mit diesem einen Messer schneiden können. Die Anschaffung eines hochwertigen Kochmessers ist meist auch unser erster Schritt, wenn wir uns als ernsthafte Köche profilieren wollen. Unvergessen der Tag, an dem wir mit voller Absicht 100 Euro für ein Kochmesser ausgeben. Damit erklären wir der Welt: Ich bin nicht mehr der, der mal das Abendessen macht. Jetzt bin ich Koch!

Es heißt, Elizabeth David habe nach dem Krieg der britischen Öffentlichkeit wieder das ambitionierte Kochen nahegebracht. Für sie war das Kochmesser der Schlüssel zur echten Kochkunst. Obwohl es schon Küchenmesser aus Edelstahl gab, bevorzugte sie noch den französischen Klassiker aus Kohlenstoffstahl. Der ist weicher und lässt sich leichter schärfen. Viele ältere Köche haben noch immer eine Schwäche für das Sabatier, mit dem sie einst Knoblauch, Oliven und Zitronen für sich

entdeckt haben. Aus Nostalgie vergessen sie dann, dass die Klinge ständig rostete und die Zitronen schwarz färbte. Die wenigsten dieser Messer haben 60 Jahre intensiven Schärfens überstanden.

Heutzutage stammt das Kochmesser eines Küchenchefs wahrscheinlich eher aus Deutschland denn aus Frankreich. Vor allem Wüsthof und Zwilling J. A. Henckels haben den Markt für sich erobert. Diese Messer werden so wunderbar wissenschaftlich produziert, dass die Vorstellung von individueller Handwerkskunst längst der Vergangenheit anzugehören scheint. Ihre Effizienz ist unschlagbar, ihre Ausführung makellos – es scheint kaum denkbar, dass ein Mensch etwas mit ihrer Erschaffung zu tun hatte. Das ist irgendwie beruhigend. Denn so wie bei einem blinkenden Flugzeugteil möchte ich einfach nicht glauben, dass diese Hightech-Wunderwerke von einem Kerl mit einem Hammer in Form geprügelt wurden.

Die anderen Messer in der Tasche übernehmen Aufgaben, die das große Messer nicht bewältigen kann. Ausbeinen und Filetieren lässt sich nur mit dünneren und biegsameren Klingen bewerkstelligen. Oft gibt es auch noch das eine oder andere Messer, das nur für eine ganz spezielle Art des Schneidens entworfen wurde, etwa um Gemüse in der Hand zu schnippeln. Niemand könnte ein 20 cm langes Messer auf diese Art sicher handhaben.

Die typische Messertasche eines Kochazubis enthält heute vermutlich ein Kochmesser, ein Ausbein-, ein Filetier-, ein Gemüse- und ein Tourniermesser.

Darüber hinaus haben die meisten Köche noch auffällige Einzelstücke, die eine bestimmte Funktion so gut erfüllen, dass man sie nicht ignorieren kann. Profis mit klassischer Ausbildung haben vermutlich mindestens einen Melonenausstecher. Diese gezackten kleinen Löffel werden regelmäßig den Patissiers entwendet, weil sich damit Tomaten und Gurken so gut entkernen lassen. Ich kenne eine Köchin, die das Taschenmesser ihres Großvaters aufbewahrt, nur um damit Kartoffelaugen zu entfernen. Ich selbst habe eine Vorliebe für pikante Nierchen, daher habe ich immer eine Pinzette und ein 10A-Skalpell dabei, um die fasrigen Teile effizient entfernen zu können.

Das letzte Messer im Bunde ist immer ein altes Lieblingsstück. Ein Messer, das lange Jahre treu und redlich gedient hat und eigentlich längst den Ruhestand verdient hätte. Aber es ist schwer, sich von einem Werkzeug zu verabschieden, das uns so sehr ans Herz gewachsen ist. Ein Messer, das wir mit den Jahren immer besser seinem Gebrauch angepasst und dessen Form wir geprägt haben. Ein Messer, das seine Arbeit ohne Fehl und Tadel verrichtet hat. Diesen alten Kameraden trägt so gut wie jeder Koch in der Rolltasche. Denn Messer besitzen über die reine Funktion als Küchenwerkzeuge hinaus eben diese besondere emotionale Komponente, die uns daran erinnert, unsere Messer sorgsam zu pflegen, und uns stolz auf unsere Messersammlung macht.

FRANZÖSISCHE MESSER

KOCHMESSER

UNIVERSALMESSER

GEMÜSEMESSER

TOURNIERMESSER

FILETIERMESSER

HACKBEIL

FLEISCHERMESSER

JAPANISCHE MESSER

HANKOTSU

PETTY

SANTOKU

GYUTO

USUBA

DEBA

YANAGIBA

EUROPÄISCHE MESSER

CLASSIC
WÜSTHOF
4584/26cm
200 years of knives

KOCHMESSER

KLINGENLÄNGE: **200 MM/260 MM**
GESAMTLÄNGE: **330 MM/450 MM**
GEWICHT: **222 G/340 G**
HERSTELLER: **WÜSTHOF**
MATERIAL: **CRMOV-STAHL, 56 ROCKWELL, POLYMER**
HERKUNFTSLAND: **DEUTSCHLAND**
VERWENDUNG: **FÜR ALLE ZWECKE**

DIE MESSER DER WÜSTHOF-DREIZACK-SERIE CLASSIC 4584 sind die vielleicht besten Kochmesser französischen Stils. Sie sind breiter als gewöhnlich, so liegt das einzelne Messer schwerer in der Hand. Der Griff gönnt seinem Benutzer einen Extrazentimeter vor der Klinge – gut für große Hände. Wie die meisten deutschen Hersteller versieht Wüsthof seine Messer mit einem Kropf, was den Zangengriff über den Klingenrücken erleichtert und einen langen Arbeitstag am Messer bequemer gestaltet.

Die 20 cm lange Ausführung ist ein hervorragend ausgewogenes Messer, mit dem das Hacken und Wiegen eine wahre Freude ist. Aber in geschickten Händen ist auch das 26 cm lange Messer – ein wahrhaft monströses Excalibur der Küche – noch ein echter Alleskönner wie das Chai Dao. Im Lauf einer Schicht benutzt ein Profikoch dieses Messer für alles, für Kräuter-Chiffonaden ebenso wie das Entbeinen von Geflügel oder für eine Karotten-Brunoise, und das in Hochgeschwindigkeit. Der Klingenrücken quetscht Kräuter, die Seite der Klinge zerdrückt Knoblauch und die Spitze ist scharf genug für chirurgisch präzise Einsätze wie das Heraustrennen der sogenannten Sot-l'y-laisse, kleiner filetartiger Fleischstücke, aus einer Hühnerkarkasse.

Die Rundung der Schneide kommt dem klassisch westlichen Wiegeschnitt entgegen, bei dem die Klingenspitze sich kaum vom Schneidebrett hebt. Doch allmählich kommen auch bei uns mehr und mehr japanische und chinesische Messer zum Einsatz. Denn die breiteren Klingen erlauben auch hier beim Hacken ein effektiveres Auf und Ab.

AUSBEINMESSER

KLINGENLÄNGE: **130 MM**
GESAMTLÄNGE: **240 MM**
GEWICHT: **99 G**
HERSTELLER: **THIERS-ISSARD SABATIER**
MATERIAL: **HANDGESCHMIEDETER KOHLENSTOFFSTAHL, MIT EPOXIDHARZ GEHÄRTETES ROSENHOLZ**
HERKUNFTSLAND: **FRANKREICH**
VERWENDUNG: **AUSBEINEN VON FLEISCH UND GEFLÜGEL**

KNOCHEN LASSEN SICH AUCH mit einem normalen Kochmesser vom Fleisch oder voneinander lösen, doch das kann auf Dauer der Klinge sehr zusetzen. Zum Ausbeinen gehört oft auch Sägen, Stochern und eine gewisse Hebelwirkung. Ausbeinmesser sind daher kürzer und schmaler geschliffen. Typisch ist, dass der Kropf weiter hervorragt als die Schneide.

Köche arbeiten nur selten an vollständigen Tieren, denn das Fleisch kommt meist schon in Einzelteilen vom Fleischer. Daher finden sich in ihren Messertaschen auch keine Ausbeinmesser über 17 cm Länge. Mehr braucht man in der Küche nicht für Gelenke und Geflügelkarkassen. Die Spezialmesser von Schlachtern (siehe S. 143) sind von erschreckenderer Größe und in vielfältigen Formen erhältlich.

Ein Profi-Ausbeinmesser muss bei einer ganzen Lammkeule das Fleisch vom Knochen lösen können, ohne dass das Fleisch Schaden nimmt. Die Klinge muss starr genug sein, um auch zähe Sehnen allein mit der Spitze zu durchtrennen. Eine Klinge, die einen Lamm-Röhrenknochen so auslösen kann, dass ein Tunnel zurückbleibt, wird auch keine Probleme damit haben, die Sot-l'y-laisse aus einer Hühnerkarkasse zu holen oder einen ganzen Rippenbraten in Form zu bringen.

Hier ist eine Variante aus Kohlenstoffstahl von Sabatier mit einem Rosenholzgriff zu sehen. Der Griff wurde mit Epoxidharz imprägniert, das macht ihn langlebiger als einfaches Holz.*

* Alte Holzgriffe werden wieder wie neu, wenn man sie über Nacht in ein Glas mit Speiseöl stellt.

FILETIERMESSER

KLINGENLÄNGE: **150 MM**
GESAMTLÄNGE: **250 MM**
GEWICHT: **110 G**
HERSTELLER: **THIERS-ISSARD SABATIER**
MATERIAL: **HOCHGEKOHLTER EDELSTAHL, MIT EPOXIDHARZ GEHÄRTETES ROSENHOLZ**
HERKUNFTSLAND: **FRANKREICH**
VERWENDUNG: **FILETIEREN UND HÄUTEN VON FLEISCH, FISCH UND GEFLÜGEL**

RESTAURANTS LASSEN SICH ÜBLICHERWEISE vorgeschnittene Filets großer Fischarten anliefern, daher muss ein Profikoch meist nur die kleineren Fische filetieren. Dabei leistet ihm das nachgiebige Filetiermesser gute Dienste. Seine Klinge lässt sich leicht an den gerundeten Gräten entlangführen, ohne Fleisch zu verschwenden oder die zarten Gräten in Mitleidenschaft zu ziehen. Die gleiche Technik sorgt dafür, dass das Filetiermesser auch sehr gut als Abhäutemesser dienen kann, da es flach über die Oberfläche von Fleisch gleitet und Silberhaut oder zähes Gewebe mühelos entfernt. Es ist auch hervorragend für Geflügel geeignet, bei dem sich eine besonders feinfühlige Vorgehensweise empfiehlt.

Filetiermesser von Fischprofis spielen in einer anderen Liga. Heute gibt es Maschinen, die Fisch gut automatisch filetieren können. Aber jahrhundertelang war es eine manuelle Fertigkeit, die erfahrene Männer und Frauen befähigte, jeden Fisch passend und grätenfrei zu portionieren, und zwar den ganzen Tag lang in unvorstellbaren Mengen. Eine Fischfangflotte kam nach Wochen auf See oft mit Hunderten Tonnen Fang zurück, der dann innerhalb von Stunden filetiert und eingesalzen werden musste, damit die Ware nicht verdarb. Ein Trawlerfischer oder ein Heringsmädchen hatten keine Zeit für sorgsames Zerlegen wie ein moderner Küchenchef, und man nutzte andere kräftigere Werkzeuge.

Da Filetiermesser besonders biegsam sein müssen, bestehen sie fast immer aus einem anderen Stahl als die übrigen Messer in der Rolltasche.

FRANCE
SABATIER
CARBONE

MASSGEFERTIGTE MESSER

VIELE GLAUBEN, DASS KÜCHENCHEFS sich ihr eigenes Messer nach Maß fertigen lassen, um eine bessere „Balance“ zu erreichen. Tatsächlich gibt die Funktion eines Messers meist vor, wo das Hauptgewicht zu liegen hat, in der Klinge oder im Griff. Ein Spezial-„Tuning“ kann in Wahrheit die Arbeit mit einem Messer kaum schneller oder effektiver machen. Da es fest in der Führungshand liegt, ist der Schwerpunkt kaum von Bedeutung. Die Form der Klinge ist zwar wichtig, aber wie wir bereits sehen konnten, passt sich eine Klinge den Bedürfnissen ihres Benutzers an, und der Benutzer passt sich seiner Klinge an. Individuelle „technische“ Maßarbeit ist also nüchtern betrachtet unsinnig. Dennoch ist es schwer, der Verlockung einer Sonderanfertigung nach ganz persönlichen Wünschen zu widerstehen.

In Großbritannien steckt die Messerschmiedekultur noch in den Kinderschuhen. Natürlich gibt es Rollenspieler und Tolkien-Fans, die begeistert Breit- und Kurzschwerter für die Schlafzimmerwand oder die nächste Convention fabrizieren. Aber erst vor Kurzem haben eine Handvoll Leute damit begonnen, auch Kochmesser nach Maß zu fertigen. Viele von ihnen sind selbst Köche, und ihre Klingen sind für den Einsatz am Herd bestimmt und dienen nicht als Wandschmuck.

In anderen Teilen der Welt, wo es eine Jagd- und Angelkultur gibt oder man Waffen sammelt, genießen handgeschmiedete Messer höheres Ansehen. Die Abbildung links zeigt ein Filetiermesser, das Guillaume Cote im kanadischen Ontario auf Bestellung eines Fischers gefertigt hat. Der Griff besteht aus Kiefernzapfen, die in Harz eingelegt wurden; durch Hochglanzpolitur ist daraus ein Fischschuppenlook entstanden. Der Knauf am Ende des Griffs hat die Form eines stilisierten Fischschädels. Obwohl das Messer sehr wohl seinen Dienst auf einem Fischerboot oder an einem Flussufer mit dem Ausnehmen frisch gefangener Lachse verrichten könnte, ist es doch viel zu schön und zu schade für solch einen Gebrauch. Über die Frage, an welchem Punkt Handwerkskunst zu einem Kunstwerk wird, ließe sich lange streiten. Ich denke, dass dieses Messer zumindest ebenso viel angeschaut und bewundert werden soll, wie es benutzt wird. Obwohl einige Anbieter Messer exakt nach den Wünschen ihrer Kunden schmieden, ziehen es die meisten doch vor, die Auftragsarbeiten in ihrem unverwechselbar eigenen Stil anzufertigen – ein weiteres Argument für das Messer als Kunstobjekt.

In den USA sind Messersammlungen ein beliebter Zeitvertreib. Die Arbeiten von Messerschmiedestars wie Bob Kramer oder Murray Carter und aus Nachwuchshäusern wie Doghouse Forge, NHB Knife Works, Chelsea Miller oder Bloodroot Blades sind heiß begehrt. Sie haben Wartelisten von Monaten oder Jahren. Auf Auktionen beginnen die Gebote für ihre Werke bei Hunderten oder gar Tausenden von Dollars „pro Klingenzoll".

Meine eigene Haltung dazu ist etwas gespalten. Ich mag es nicht, wenn sich Messer allzu weit von der Maxime „Form folgt Funktion" entfernen. Dennoch trage ich, obwohl mein Computer und Smartphone beide unfehlbar die Uhrzeit anzeigen, immer noch eine Armbanduhr, die jeden Monat ein paar Sekunden verliert. Und obwohl ich mir einen modernen SUV kaufen könnte, fahre ich weiter meinen geliebten Oldtimer. Diese Dinge sind einfach mehr schön als effizient. Ich kann also verstehen, warum manche Menschen so großartige Lieblingsmesser haben, die sie nicht oder kaum benutzen. Und gelegentlich begegnet auch mir das eine oder andere Messer von solch außergewöhnlich erlesener Schönheit, dass ich es nur noch anstarren kann – auch wenn es sich bei diesen häufig um altgediente Exemplare handelt, die schon ein produktives Messerleben hinter sich haben.

Letztendlich liegt die Freude für mich persönlich aber vor allem in einer Beziehung, die ich nur dann eingehen kann, wenn ich das Messer so oft wie möglich benutze, reinige und pflege. Ich stelle es mir schön vor, eine Truhe oder sogar einen extra Raum für Messer zu haben, in dem ich nur still sitzen und die Werke großer Messerkünstler betrachten könnte. Doch selbst dann müsste ich ab und zu noch die unbezahlbaren Klingen meiner Kollektion von der Wand nehmen, sie behutsam zur Küche tragen und damit ein paar Zwiebeln hacken.

BOB KRAMER

Bob Kramer gilt als der bedeutendste Kochmesserschmied der USA. Er absolvierte eine Kochlehre, widmete sich dann aber ganz seiner Obsession fürs Messerschmieden. Kramer wurde 1995 in die American Bladesmith Society* aufgenommen, einen Zusammenschluss von rund 120 Spitzenschmieden, in dem es bis zu Kramers Aufnahme vor allem um dekorative Jagd- oder Kampfmesser ging. Kramer wurde bei Köchen bald zu einer Art Kultfigur. Einige Zeit hatte er eine Warteliste von drei Jahren. Heute fertigt er nur noch wenige, dafür umso schönere Messer an, die per Online-Auktion zu erwerben sind.

Einige der besten US-amerikanischen Küchenchefs besitzen ein Kramer-Messer. Wer in dieser Liga mitspielen möchte, muss sich auf seiner Website registrieren, sich einer Bonitätsprüfung unterziehen und eine Benachrichtigung über eine Gelegenheit zum Mitbieten abwarten. Vor Kurzem stand bei Kramer ein 25-cm-Damast-Gyuto zum Gebot mit einem Griff aus gestocktem Eschenahorn. Die Klinge hatte er mit Eisen aus einem Meteoriten vom argentinischen Campo del Cielo gefertigt. Sie war durch Wärmebehandlung unterschiedlich gehärtet, während Teile der Klinge mit Ton bedeckt waren. Es ging hoch her bei der Auktion, und ich muss gestehen, dass ich beim Überschreiten der 43 000-Dollar-Grenze ausgestiegen bin.

* In Kramers Biografie steht zu lesen: „Zur Prüfung gehörte das Schmieden eines Bowie-Messers mit 26-cm-Klinge, die aus 300+ Lagen Stahl bestand. Dieses Messer musste ein frei hängendes, 2,5 cm dickes Seil mit einem Schnitt durchtrennen, ein Kantholz von 5 x 10 cm zweimal durchtrennen und ein Büschel Haare vom Arm rasieren können (nach dem Kantholz). Schließlich musste sich die Klinge auch noch um 90° biegen lassen, ohne zu brechen. Hat man damit Erfolg, dann darf man der Jury noch fünf makellose Messer (einschließlich eines komplizierten mittelalterlichen Quillion-Dolchs) präsentieren.

SABATIER DÉG
DEGLON INOX
STAINLESS STEEL

GEMÜSE- UND OFFICEMESSER

KLINGENLÄNGE: **100 MM**
GESAMTLÄNGE: **200 MM**
GEWICHT: **59 G**
HERSTELLER: **DÉGLON SABATIER**
MATERIAL: **EDELSTAHL, THERMOPLAST**
HERKUNFTSLAND: **FRANKREICH**
VERWENDUNG: **SCHNEIDEN UND SCHÄLEN UND FEINES ZERKLEINERN VON GEMÜSE**

DAS GEMÜSEMESSER oder *couteau d'office* hat meist eine Klingenlänge von 10 cm oder weniger, und die Klingenform gleicht einer kleineren Ausgabe eines schmaleren Kochmessers. Es hat drei Hauptfunktionen. Wie das Kochmesser kann es hacken, ist aber gleichzeitig spezialisiert auf kleine Zutaten. Damit ist es prädestiniert dafür, Knoblauchzehen in durchsichtige zarte Scheiben zu schneiden, „... in so hauchdünne Scheiben, dass sie mit ein wenig Öl in der Pfanne zergehen. Eine phänomenale Methode."* Die Klingenspitze eignet sich sehr gut zum Gemüse- oder Obstputzen, etwa zum Entfernen von Erdbeerstielen oder unschönen Stellen wie den harten Augen auf einer geschälten Ananas. Mit der gesamten Schneide lässt sich dieses Messer wie ein Tourniermesser zum Gemüseschälen verwenden; dabei wird das Gemüse immer zur Klinge hin geschoben.

Vielleicht weil sie sich etwas schwerer schärfen lassen, vermutlich aber eher weil sie aus hektischen Großküchen ständig verschwinden, verwenden immer weniger Küchenchefs teure Gemüse- und Officemesser. Dieser Messertyp war der erste, der durch Massenfabrikate ersetzt wurde – Produkte mit rasiermesserscharfen Klingen und bunten Plastikgriffen, die von kurzer Lebensdauer und so billig sind, dass man sie mittlerweile schon als Einwegware betrachtet.

Ich selbst bin der Meinung, dass ein klassisches Gemüsemesser sehr wohl der Mühe wert ist, mit Bedacht verwendet und gut behandelt zu werden. Besonders dann, wenn alle Küchenkollegen vertrauenswürdig sind. Billigmesser mögen verführerisch sein, aber ich stelle mir vor, dass jedes Mal, wenn wir dazu greifen, ein kleiner Teil unserer kulinarischen Seele stirbt.

* Ich weiß, dass Paulie Cicero in *GoodFellas* eine Rasierklinge verwendet. Aber er ist ein guter Koch und hätte sicher ein Officemesser benutzt, wenn die Wärter es ihm gestattet hätten.

TOURNIERMESSER

KLINGENLÄNGE: **70 MM**
GESAMTLÄNGE: **180 MM**
GEWICHT: **61 G**
HERSTELLER: **ZWILLING J. A. HENCKELS**
MATERIAL: **EISGEHÄRTETER EDELSTAHL, THERMOPLAST**
HERKUNFTSLAND: **DEUTSCHLAND**
VERWENDUNG: **SCHÄLEN, TOURNIEREN UND VERZIEREN VON GEMÜSE**

TOURNIEREN BEDEUTET, Gemüse und Obst in Form zu schneiden. Es ist eine Kunst, die immer mehr aus der Mode kommt. Nur noch wenige Gäste erfreuen sich an Gemüse, das in exakt gleich groß geschnitzten kleinen Formen serviert wird. Das verstößt gegen heutige Vorstellungen von Frische und Authentizität. Dennoch ist die Praxis, jedes einzelne Teil in eine sehr ähnliche Form zu bringen, damit alles gleichzeitig den richtigen Garpunkt erreicht und im Kern sowie an den Rändern gleichmäßig durchgegart ist, keineswegs lächerlich.

Nur das Tourniermesser ist dafür geeignet, Gemüse nicht auf dem Schneidebrett, sondern in der Hand zu schneiden. Man hält das Messer in der Fingerbeuge und schiebt das Gemüse mit dem Daumen der anderen Hand zur Klinge hin. Genau so vorzugehen ist sehr wichtig, denn wer es anders herum macht und die Klinge in Richtung Daumen drückt, landet höchstwahrscheinlich in der Notaufnahme und muss einer übernächtigten Ärztin erklären, warum er dort alles vollblutet. Indem ein Souschef also eine Karotte mit einer Hand dreht und die Rundung der Klinge dabei in einem gleichmäßigen Zug über die ganze Länge der Karotte führt, entsteht eine lange ovale Form, die gut aussieht und noch besser gart.

Das mag dem modernen Betrachter als enorme Verschwendung erscheinen. Aber vergessen wir nicht, dass jede Großküche, die sich genug Souschefs leisten kann, ganz sicher auch Gemüsebrühe in enormen Mengen herstellt. Die Schnittabfälle werden also sicher nicht im Müll landen.

Mit der Spitze des Tourniermessers lassen sich übrigens auch Champignons zu *champignons tournés* riffeln. Als Shirley Conran einmal sagte, das Leben sei zu kurz, um Pilze zu füllen, hatte sie noch nicht einmal angefangen, über wahre Zeitverschwendung nachzudenken.

ZWILLING
J.A.HENCKELS
PROFESSIONAL "S"
FRIODUR ICE HARDENED

STEAKMESSER

KLINGENLÄNGE: **130 MM**
GESAMTLÄNGE: **254 MM**
GEWICHT: **88 G**
HERSTELLER: **UNBEKANNT**
MATERIAL: **X50 CRMOV-STAHL, DUPONT „DELRIN“**
HERKUNFTSLAND: **DEUTSCHLAND**
VERWENDUNG: **TISCHBESTECK FÜR RINDFLEISCH ODER WILD**

ÜBER VIELE JAHRHUNDERTE trugen wir Menschen Messer als persönliche Accessoires, Werkzeuge und Waffen stets mit uns. Es gab daher keinen Grund, Messer auf den Esstisch zu legen, denn alle – Männer, Frauen und Kinder – trugen funktionale Klingen am Gürtel. Es waren die Speisetafeln der Adligen, auf denen dann die ersten Besteckmesser erschienen. Sie waren hübsch anzusehen und meist wertvoll, um den Wohlstand des Gastgebers zu unterstreichen. Oft hatten sie statt einer Spitze abgerundete Enden und stumpfe Schneiden. Mit ihnen ließen sich weich gegarte Speisen zerteilen und auf die Gabel schieben, vor allem aber waren diese Messer als Waffen unbrauchbar.

Erst in jüngster Vergangenheit wurde das Steak zur Statusmahlzeit, zu einem Symbol des Wohlstandes, wie es zuvor nur ein Braten mit Sauce gewesen war. Ein Steak ist ein großes, saftiges Stück Fleisch, das bei korrekter Zubereitung im Innern fast noch roh ist. Es war ein Ding der Unmöglichkeit, solch ein Steak mit demselben Messer zu schneiden, das sonst nur fein gegarte und verarbeitete Speisen zerteilen musste. Wir brauchten also das Steakmesser.

Die beiden hier abgebildeten Exemplare habe ich bei Donald Russell, einem erstklassigen schottischen Fleischer, der für seine spektakulären Steaks berühmt ist, erworben. Diese Messer entsprechen den Standards von Küchenmessern, und es ist kein Zufall, dass sie ihnen auch äußerlich recht ähnlich sehen.

Steakmesser müssen nicht zu den Gabeln passen. Sie müssen mit einer ernstzunehmenden Portion Rindfleisch klarkommen. Daher sehen gute Steakmesser ebenso kostspielig wie brutal effizient aus.

ALL RIGHT
WM GREGORY

DIE SAMMLUNG NAT GILPIN

NATHANIEL GILPIN war von 1920 bis 1950 der Küchenchef des Silver Cross in Whitehall (London). Heute ist das ein imposantes, bei Touristen sehr beliebtes Traditionslokal. Zu Gilpins Zeit servierte man dort allerdings Parlamentsangehörigen und Regierungsbeamten Speisen von höchster Qualität. Man kann sich kaum einen klischeehafteren britischen Gastraum vorstellen: solide viktorianisch, ganz Establishment. Dennoch ging es dort demokratisch zu. Anders als die vielen Klubs, Pubs und Gaststätten der Umgebung verkehrten im Silver Cross alle sozialen Schichten. Auf einer Fotografie, die 1932 für das Magazin *Country Life* entstand (siehe S. 72) steht Gilpin neben seinem Assistenten Fred Sadler hinter der Theke, auf der fürs Mittagessen eine stolze Auswahl an Schinken, Putenbraten, Krebsen und Hummern präsentiert wird.

Gilpin war im Ersten Weltkrieg Steward bei der Royal Navy gewesen und arbeitete sich danach in der Welt der Gastronomie stetig nach oben. Er bevorzugte Sheffield-Messer, und auf einigen seiner Klingen lassen sich noch die vom jahrzehntelangen Schärfen nicht ganz unkenntlich gewordenen blassen Abbilder einstiger großer britischer Marken erkennen: Mexea and Co., Beehive, Wm. Gregory „All Right“, Butler. Einige dieser Hersteller waren schon zu Beginn von Gilpins Karriere nicht mehr im Geschäft, also hat er diese Messer vermutlich von älteren Köchen geerbt.

Seine langen geraden Messer mit ihren beidseitig parallel geschliffenen Klingen von 1 bis 2 cm Breite dienten vermutlich als gewöhnliche Aufschnittmesser. Ein Messer, das auf ein paar Millimeter Breite heruntergeschliffen war, machte bei Kunden und Gästen Eindruck. Um Rindfleisch oder Räucherlachs für ein Sandwich aufzuschneiden, benutzt der Mann hinter der Theke auch heute noch gerne ein Messer, das so schmal wie irgend möglich heruntergeschliffen ist. Es beruhigt die Menschen, ein Werkzeug in Aktion zu sehen, das sichtlich gut gepflegt und häufig im Einsatz ist: „Das alte Messer ist so scharf und dünn, der Mann muss wirklich Ahnung haben von seinem Geschäft.“

Einige Messer mit dickeren und kräftigeren Griffen waren in ihrer ursprünglichen Form sicher einmal so etwas wie schwere Fleischermesser. Doch Gilpin gelang es mit bewundernswerter Findigkeit, sie in der Küche dauerhaft mit neuen Aufgaben zu betrauen. Eines oder zwei von ihnen haben leicht geschwungene Klingenrücken und wurden daher vielleicht als Ausbeinmesser verwendet.

Diese alten Messer auszupacken und sie für den Fotografen zu arrangieren, war ein unvergessliches Erlebnis. Die Werkzeuge eines anderen Menschen in der Hand zu

halten, hat immer etwas Anrührendes – das Gefühl, dass er sie ein ganzes Arbeitsleben lang benutzte und wertschätzte, verleiht ihnen emotionales Gewicht. Aber in diesen Messern steckt noch etwas anderes. Die langen, dünnen Messer scheinen Gilpins Stolz auf ein besonderes Geschick zu enthüllen, das er gerne zur Schau stellte. Ein Rest von Mantel- und Degenromantik haftet ihrer an alte Rapiere erinnernden Klingenform an. Ein paar waren auch dann noch in Gebrauch, als ihre ursprüngliche Form endgültig verloren gegangen war. Geht es dabei nur um Sparsamkeit oder um mehr?

Nat Gilpin vermachte seine Messersammlung seinem Enkel Scott Grant Crichton, der ebenfalls auf eine erfolgreiche Laufbahn im Gaststättengewerbe zurückblicken kann. Er begann als Jungkoch im Baron of Beef in der Londoner City, danach arbeitete er in Hotels und auf Privatjachten. Jedes einzelne Messer ist wunderschön – als Kollektion bilden sie zusammen das perfekte Ehrenmal für einen Küchenchef.

廠

（口街

七三四匹

(C8~C

“

如蒙惠顧

請留意焉

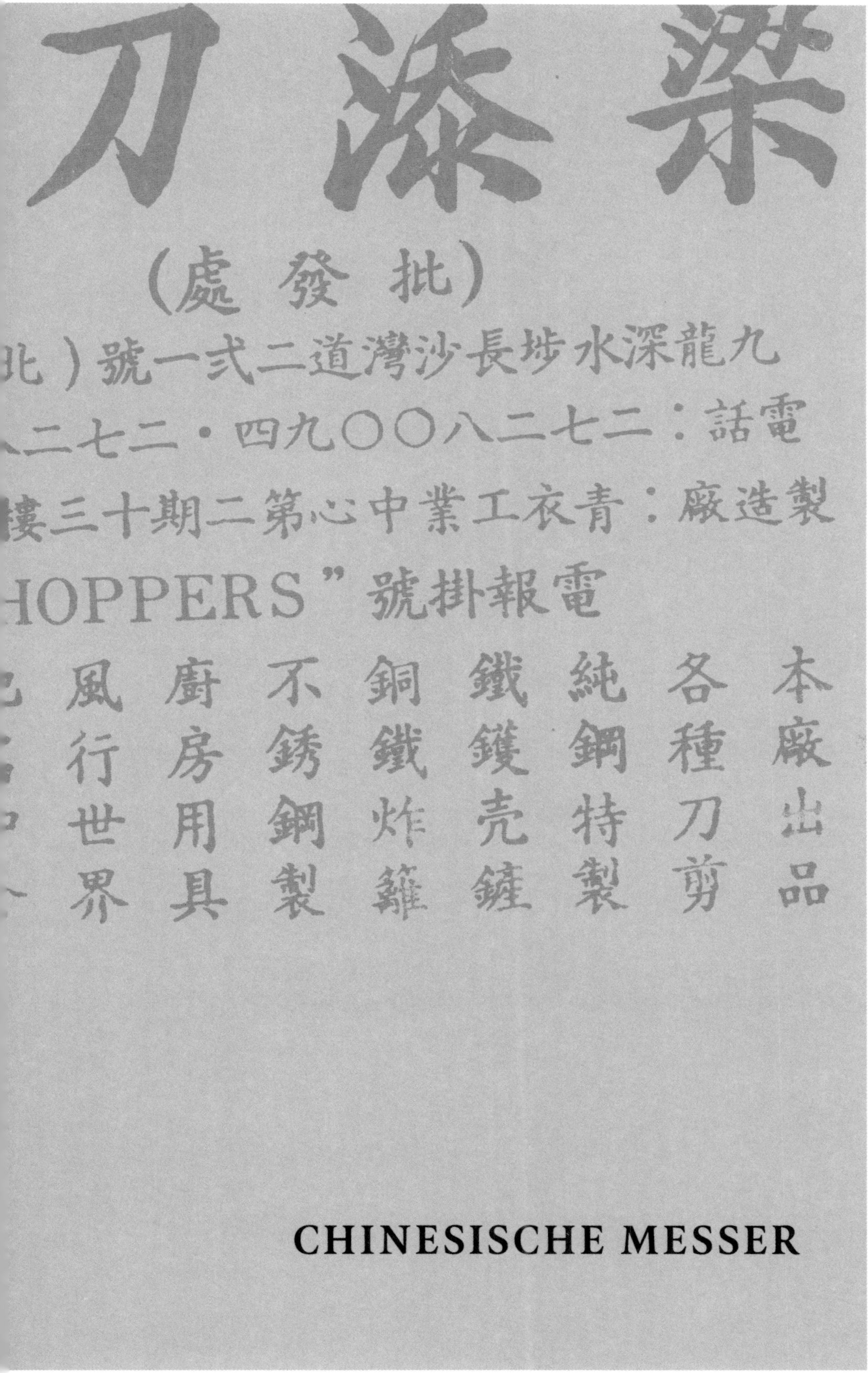

CHINESISCHE MESSER

CHINESISCHE MESSER

DIE CHINESISCHE UND DIE FRANZÖSISCHE KÜCHE sind die beiden größten kulinarischen Traditionen der Welt. Vielleicht sind sie auch deshalb so aufregend, weil sie sich so fundamental voneinander unterscheiden. Jede fußt auf anderen Zutaten, anderen Empfindungen beim Essen und anderen philosophischen Anschauungen über den Nutzen der Lebensmittel. Vor allem aber unterscheiden sie sich in ihren Tischutensilien. In der gehobenen französischen Küche dreht sich alles um Messer und Gabel, während man in China seit über 3000 Jahren mit Stäbchen isst. Man nimmt an, die Holzstäbchen hätten ursprünglich zum Rühren der heißen Speisen im Kochtopf gedient, doch bald seien sie zur eleganten Form der Nahrungsaufnahme verwendet worden.

Die Beliebtheit der Essstäbchen wurde wohl durch die konfuzianische Lehre befördert, vor allem durch den Glauben, dass scharfe, waffenähnliche Instrumente wie Messer nichts an einem zivilisierten Esstisch zu suchen haben. Wenn aber niemand in der Lage ist, sein Essen am Tisch mundgerecht zu schneiden, muss dieses schon vor dem Servieren klein geschnitten werden. Vorteilhaft ist außerdem, dass kleine Bissen rascher garen und so weniger Brennstoff verbrauchen.

Die chinesische Küche hängt daher stark vom Einsatz des Küchenmessers ab. Und das ist wahrhaft einzigartig. Das Chai Dao wird bei uns manchmal als „Hackbeil" bezeichnet, einfach weil es unter den uns bekannten Messerformen dem Hackbeil am ähnlichsten sieht. Tatsächlich gleicht es aber in seiner universalen Funktion eher dem Kochmesser – bloß ist es viel breiter und hat keine Spitze.

Ein Chai Dao liegt verblüffend leicht in der Hand, da es einen vergleichsweise schlanken Griff hat, der allerdings ziemlich groß ist und eine grobe, raue Oberfläche besitzt. Man kann es zum klassischen Hacken verwenden – wobei das Messer von oben nach unten geführt wird –, aber damit auch den Wiegeschnitt oder jede andere Bewegung eines bei uns üblichen Küchenmessers vollführen. Chinesische Köche benutzen einen hohen Hackklotz, der meist aus Holz besteht und mindestens 9 cm dick ist. Früher wurde dazu ein Baumstumpf oder Holzscheit verwendet. Dieser dicke Klotz macht ganz andere Schnitttechniken möglich. Die eine Hand bleibt beim Hacken frei, die Fingerknöchel berühren nicht die Arbeitsoberfläche, und der Koch kann sein Chai Dao auch auf der Seite liegend ansetzen und waagerecht* schneiden. Die erhöhte Schneideunterlage ist so entscheidend für den Einsatz eines Chai Dao, dass sie als festes Gegenstück zum Messer gilt.

Wer die Chance hat, einen guten chinesischen Koch, Fleischer oder Fischhändler bei der Arbeit zu beobachten, erlebt eine Choreografie aus einzigartigen Messerbewegungen, die wahnsinnig schnell und brutal wirken, tatsächlich aber dezent und sehr genau abgestimmt sind. Dasselbe Messer, das einen knorpeligen Fischkopf vom Rumpf trennt, ist danach auch fürs Abschuppen, Ausnehmen und Filetieren zuständig. Dann schneidet es das Tier in hauchdünne Scheiben und fächert diese auf dem Teller auf. In ländlicheren Gegenden benutzt man das Chai Dao angeblich sogar zum Holzhacken oder als Pfannenersatz. Bei der Servierzeremonie für Pekingente löst der Koch das gegarte Fleisch mit einem gezielten Schwung seines Chai Dao vom Knochen. Mit der breiten Seite der Klinge kann er Knoblauch oder Ingwer zerdrücken, nachdem er sie zuvor mit der scharfen Unterkante geschält hat. Wie fein und exakt das Chai Dao arbeitet, erkennt man schon am Namen der chinesischen Chiffonade: „Kiefernadeln".

Erst das zweite Messer eines chinesischen Kochs ist ein Hackbeil. Ein schweres Gerät mit dickem Klingenrücken und breitem, keilförmigem Schliff. Dieses Küchenbeil ist scharf genug, um Knochen zu durchtrennen, denn viele chinesische Schnittformen für Fleisch enthalten kleine Knochenteile für einen kräftigeren Geschmack.

Aus irgendeinem Grund hat das Chai Dao, so geschichtsträchtig, vielseitig und schlichtweg cool es auch ist, die Fantasie der westlichen Köche nicht so sehr angeregt wie die japanischen Spezialmesser. Das ist schade. Gute Exemplare sind in Asia-Märkten für wenig Geld zu haben, und es ist eine reine Freude, mit ihnen zu arbeiten.**

* Auch Köche der westlichen Küchen können waagerecht schneiden. Dafür müssen sie aber ihr Schneidebrett zur Tischkante ziehen und sich unbequem zur Seite beugen. Alternativ können sie eine besonders biegsame Klinge benutzen, die sich der waagerechten Schneiderichtung anpasst, ohne dass man die Handhaltung zu sehr verändert. Solche Klingen kamen erst in den letzten Jahren mit den neuen nachgiebigeren Stahlsorten auf.

** Eine Chai-Dao-Klinge pflegt man wie jede andere auch, indem man sie mit einem feuchten Tuch reinigt und leicht einölt. Das Messer sollte aber nie komplett ins Wasser getaucht werden. Denn Wasser kann unter die Griffzwinge bis in den Griff eindringen, sodass das Holz verfault und der Erl rostet. Es wäre fatal, wenn diese Klinge in vollem Schwung vom Griff bräche.

CHAI DAO

KLINGENLÄNGE: **206 MM**
GESAMTLÄNGE: **310 MM**
GEWICHT: **281 G**
HERSTELLER: **LEUNG TIM CHOPPERS CO.**
MATERIAL: **LAMINIERTER STAHL, HARTHOLZ**
VERWENDUNG: **FÜR ALLE ZWECKE**

DIE CHAI DAOS von Leung Tim gehören zu den besten der Welt. Im Vergleich zu japanischen und deutschen Klingen erscheinen sie rein funktional, fast schon rustikal mit ihren unregelmäßigen Schmiedemarken mitten auf der Klingenseite, mit ihren groben Klingenrücken und Schneiden und mit den durch den Griff gestoßenen und am anderen Ende umgehämmerten Klingenerlen. Auf den ersten Blick wirken sie alles andere als elegant. Und dennoch hat ihre absolute Konzentration auf Zweck und Funktion höchste Anziehungskraft. Ich halte große Stücke auf einen Hersteller, der ganz offensichtlich meint: „Warum zum Teufel sollte ich dieses Ding aufpolieren wie ein Stück Schmuck, wenn es doch nur jeden Tag schwer arbeiten wird bei einem Koch, der sein Handwerk versteht?“ Das Chai Dao könnte von der Ästhetik eines japanischen Messers kaum weiter entfernt sein, und doch ist ein Leung-Tim-Messer von ähnlicher Schönheit wie ein sehr alter Schmiedehammer. Ihm haftet die Patina eines ganzen Handwerkerlebens an, und es strahlt den Charme unübertroffener Männlichkeit aus.

Die Klingenlänge ist im Großen und Ganzen dieselbe wie bei westlichen Kochmessern, und es wiegt auch nur ein paar Gramm mehr als diese. Die leichte Krümmung der Klinge sorgt für einen flotten Wiegeschnitt, und weil es sich so problemlos schärfen lässt, ist man bald schon gewöhnt, die Schneide auf ganzer Länge für alle möglichen hochfeinen Schnitte zu benutzen.

EXTRA
"CHOPPERS"

TRADITIONELLES CHINESISCHES HACKBEIL

KLINGENLÄNGE: **218 MM**
GESAMTLÄNGE: **330 MM**
GEWICHT: **538 G**
HERSTELLER: **LEUNG TIM CHOPPERS CO.**
MATERIAL: **EDELSTAHL, HARTHOLZ**
VERWENDUNG: **GROBES ZERLEGEN VON FLEISCH UND FISCH UND DURCHTRENNEN VON KNOCHEN**

DAS TRADITIONELLE CHINESISCHE HACKBEIL ist ein schweres Geschütz. Weil es mit großer Kraft geführt wird, braucht es auch ein höheres Gewicht – was eine zarte und fein geschärfte Klinge bald beschädigen würde. Die Klinge ist also gröber und noch breiter als beim Chai Dao. Es hätte hier auch keinen Sinn, den Stahl für eine leichtere Schärfbarkeit sorgsam zu laminieren. Daher besteht dieses Küchenbeil aus einem einzigen Metallwerkstück.

Das Messer hat nicht die eleganteste Form. Die ganze Kraft eines Arms, der es mit einer gewissen Routine führt, konzentriert sich auf den Klingenrücken, wo auch das meiste Gewicht liegt. Und das Gewicht ist nicht gering. Dieses Monster zu heben, ist allein schon eine Herausforderung, der Klingenrücken umspannt eine Breite von gut 6 mm. Wird es sorgfältig gepflegt, kann dieses Hackbeil aber mit wenigen schnellen Schwüngen die stärksten Rinderknochen zur Strecke bringen.

LEICHTES CHINESISCHES HACKBEIL

KLINGENLÄNGE: **182 MM**
GESAMTLÄNGE: **285 MM**
GEWICHT: **454 G**
HERSTELLER: **LEUNG TIM CHOPPERS CO.**
MATERIAL: **KOHLENSTOFFSTAHL, HARTHOLZ**
VERWENDUNG: **DURCHTRENNEN VON KLEINEREN UND MITTELGROSSEN KNOCHEN, SCHNEIDEN WIE MIT DEM CHAI DAO**

DIESE WEITERGEDACHTE VERSION des chinesischen Hackbeils ist eine schlaue Hybridlösung. Die Klinge ist laminiert, die Schneide scharf, und obwohl der Messerrücken dick und stark ist, bedeutet das konkave Profil der Klinge doch, dass sie nicht so schwer ist. Clever ist, dass die Klingenform nach vorne hin breiter wird, so verschiebt sich der Schwerpunkt zur Spitze hin. Das ist eine brillante Anpassung. Das zusätzliche Gewicht vorne erleichtert die Hebelwirkung, wenn das Hackbeil geschwungen wird, und verändert die Auswuchtung. So fühlt sich das Messer in puncto Beweglichkeit eher wie ein Chai Dao an. Für besonders feine Schneidearbeiten ist es sicher nicht das richtige Instrument. Aber als widerstandsfähiges Alltagswerkzeug für hart arbeitende Köche ist dieses Hackbeil ohne Frage ein Gewinn.

HENRY HARRIS

HENRY HARRIS IST EINER der beliebtesten und angesehensten Küchenchefs in London. Er hat eine klassische Ausbildung, und seinen Lebenslauf zieren einige der einflussreichsten Küchen des Landes. Seine Fachkenntnisse zu Kochtechniken, Zutaten und zur kulinarischen Geschichte suchen ihresgleichen – seine Einstellung zu Messern aber grenzt, wie er selbst zugibt, ans Obsessive. Henry bewahrt jedes Messer auf, das er jemals besaß. Er sorgt liebevoll für seine Messer und kann zu jedem einzelnen eine Geschichte erzählen.

Henry hat etliche ebenso exklusive wie kostspielige Schönheiten in seiner Messertasche, aber das Besondere an ihm als Sammler ist, dass er jedes Messer beruflich und auch privat nutzt. Und er hat ein Talent dafür, ihre Grenzen auszutesten.

Henry versteht und liebt seine Messer – eine Beziehung, über die zu sprechen ihn beinahe verlegen macht.

HH: Als ich 1983 meinen Abschluss an der Leith School of Food & Wine machte, enthielt die Messertasche eines Kochs, wie es sich gehörte, die originalen Kohlenstoffstahlmesser von Sabatier. In meiner Kindheit gab es zu Hause nur stumpfe Messer, mein Vater hatte sie nie merklich schärfer gemacht, wenn er den Wetzstahl daran auf und ab rieb. Also fand ich meine ersten Profikochmesser ungeheuer beeindruckend. Ich dachte: „Vielleicht kann ich keine Zwiebeln damit schneiden, weil die Klinge dann schwarz wird, aber wenn ich mit dem groben Wetzstahl darangehe, kann ich fast mit bloßem Auge erkennen, wie er den Stahl wegfräst und die Schneide wieder scharf wird." Ich glaube, damals hat alles angefangen.

Als ich zum ersten Mal in einem Restaurant arbeitete, kaufte ich mir einen Satz Edelstahlmesser, die immer viel praktischer erscheinen. Ich war aber gleich frustriert, denn wenn der anfängliche Schliff einmal verloren ist, muss man sich wirklich anstrengen, sie wieder scharf zu bekommen. Das sind verlässliche Arbeitsgeräte, und sie erfüllen ihren Zweck gut. Aber ich fand doch immer, es müsste eigentlich besser gehen.

Jahrelang war ich also relativ zufrieden mit den Messern, die ich hatte. Aber dann kaufte meine Frau mir ein Nakiri von Jay Patel. In einer kleinen beigelegten Broschüre stand, dass die Klinge aus „Aogami Nr. 2 Blaupapierstahl" hergestellt war. Ich wusste gleich, ich würde mich damit tagelang im Internet auseinandersetzen und Messer studieren. Dann begann ich mit dem Messer zu arbeiten, und eine neue Welt tat sich auf. Ich hatte meine wahre Freude daran.

Erst machte ich mir Sorgen, dass die neuen Messer zu leicht wären. Aber tatsächlich muss ein perfektes Messer nicht viel wiegen. Es geht um starke Klingen und harte Schneiden, die nicht spröde werden. Ich lernte, wie viel besser ein wirklich scharfes Messer mit den Zutaten harmoniert. Ich schnitt Zwiebeln und musste nicht mehr weinen. Ich schnitt Fisch oder Fleisch, und die Schnittfläche geriet glatt, makellos, wie unberührt.

Ich spiele zwar kein Streichinstrument, aber wenn ich jemandem zeigen soll, wie er richtig mit einem Messer umgeht, dann sage ich immer, er solle sich einen Geiger vorstellen, der den Bogen über die Saiten zieht, um einen Ton zu produzieren. Einfach nur durchziehen. Das Messer erledigt den Rest. Wenn das Messer richtig scharf ist, dann nimmt es uns die Arbeit ab. Neulich habe ich etwas gegessen, bei dem ich sofort herausgeschmeckt habe, dass die Zwiebeln in dem Gericht mit einem stumpfen Messer gehackt worden waren. Sie waren irgendwie zäh geraten, weil man sie eher zerrissen als geschnitten hatte.

Vor rund zehn Jahren habe ich angefangen, Messer zu sammeln. Und ich machte immer weiter, schneller, als es vermutlich gut war. Ich schätze, ich bin sammelwütig. Alte Klingen? Die sind zwar nutzlos ... aber dann auch wieder nicht. Ein paar von den alten Sabatiers werden wieder ganz ordentlich, wenn ich sie noch einmal richtig nachschärfe. Was mich allerdings ärgert ist, dass ich meine Billigmesser nie losgeworden bin. Das ist vermutlich so wie mit den Kochbüchern, die ich auch nicht entsorgen kann. Ich habe einige ungeheuer schlechte Kochbücher, aber da hat sich jemand die Mühe gemacht, über Essen zu schreiben. Und auch wenn ich seine Meinung nicht teile, weiß ich doch, dass viel Recherche und Erfahrung dazugehört. Und die wiederum hilft uns, als Koch voranzukommen und reifer zu werden. Genauso verhält es sich mit Messern. Jede Erfahrung mit ihnen – ob gut oder schlecht – hilft dir, deine Persönlichkeit und Fähigkeiten weiterzuentwickeln.

Es gibt nur ein Messer, das ich wirklich nicht mag. Und genau das ist unter ehrgeizigen Laienköchen vermutlich am beliebtesten: das Santoku. Ich hasse dieses Messer. Ich nehme an, es würde sich auf einem Campingtrip als nützlich erweisen, weil es so vielseitig ist. Ich nehme aber lieber für jede Aufgabe das richtige Messer. Wenn ich koche, dann sorge ich dafür, dass alle griffbereit sind, so wie ein Zimmermann sein Werkzeugregal oder seinen Werkzeugkasten in greifbarer Nähe hat. Wenn ich mit einer Aufgabe fertig bin, säubere ich das Messer, lege es ab und nehme ein anderes, das für den nachfolgenden Arbeitsschritt besser geeignet ist. Das Santoku kann vieles, aber für mich ist es ein Kompromiss. Es erfüllt seinen Zweck, aber es kann seine Sache nie so gut machen, wie das eigentlich passende Messer es könnte.

Heute arbeite ich am liebsten mit dem Nakiri, dem Gyuto, einem Tranchiermesser entweder im japanischen oder westlichen Stil und einem kleinen Modell. Mehr brauche ich eigentlich nicht. Ich kenne Messersammler, die viele Tausend Pfund in wunderschöne Messer investieren, die dazu gemacht sind, Tiere zu häuten, auszunehmen, zu zerteilen und zu portionieren, Gemüse in die passende Form für den perfekten Garzustand zu bringen ... und sie schließen sie in einen Schrank ein. Sie schärfen sie niemals, damit keine Kratzer auf die Klinge kommen.

Ich selbst glaube, dass jedem Messer die Seele seines Schöpfers innewohnt und diese sich dem Nutzer zeigt. Das Messer besitzt eine Seele, die ihm der Klingenschmied eingehaucht hat, und sein Benutzer kann genau damit arbeiten, um dem Messer Charakter zu verleihen. Ich freue mich immer auf den Moment, an dem eine neue Klinge ihren ersten Kratzer bekommt. Mein Gyuto von Murray Carter hat nicht wenige Kratzer, aber ich weiß von jedem genau, woher er stammt und wie es dazu kam. Bei einem war ich abgelenkt, der zweite kommt von einem Knochen, der nächste von einem Stück Metall. Sie alle sind Teil meines Messers. Und wenn ich die Klinge jahrelang benutze und schärfe, dann verändert sie ihre Form ein wenig. Aber ich habe das Messer ja, um es zu benutzen, und meine wahre Freude besteht darin, damit zu schneiden.

...Shokunin!

JAPANISCHE MESSER

JAPANISCHE MESSER

DIE JAPANISCHE VORMACHTSTELLUNG bei der Herstellung von Küchenmessern war mit hoher Wahrscheinlichkeit die unbeabsichtigte Folge einiger kaiserlicher Erlasse. 1868 erlebte Japan große politische Umwälzungen, in deren Folge Kaiser Meiji die volle Macht zurückerlangte. Bis zur Wende zum 20. Jahrhundert wandelte er Japan von einem feudal geprägten Land zu einer modernen Nation.

Vier Jahre später wurde bekanntgegeben, dass die kaiserliche Familie Fleisch essen würde. Der Verzehr von Fleisch war in Japan seit 675 verboten, teils gesetzlich und teils aufgrund buddhistischer Tabus. Aus medizinischen Gründen durfte es dennoch verspeist werden, weil man glaubte, dass es die Körperkräfte stärke. Manche Adlige nahmen an *yakuros* teil, zeremoniellen Jagdritualen, bei denen die Beute verzehrt wurde. Und wer es sich leisten konnte, ging in ein *momonjiya*, ein Fleischrestaurant.

Die Japaner schrieben die als Stärke empfundene Körpergröße europäischer Besucher ihrem Fleischkonsum zu. Der Tenno ermutigte seine Untertanen bei seinem Versuch, die Gesellschaft zu modernisieren, aktiv zum Fleischverzehr. Am 28. März 1876 erließ die Meiji-Regierung den *haitōrei*, einen von mehreren Erlassen, um den letzten Einfluss des Samurai-Standes zu brechen. Er verbot das öffentliche Tragen von Waffen und machte die japanischen Schwertschmiede mit ihrer 1000-jährigen Tradition exquisiter Klingenproduktion auf einmal arbeitslos. In einer Kultur, in der die Küchenkunst fast ebenso hoch angesehen ist wie die Kriegskunst, waren besonders schöne und hochfunktionelle Küchenmesser eine offensichtliche Alternative für ihre Fertigkeiten.

Die älteste japanische Klingenform heißt Deba – ein Hackmesser mit einem ähnlichen Stammbaum wie das Chai Dao, aber mit einer scharfen Spitze. Damit lässt sich Fisch hervorragend köpfen und filetieren. Der zweite Klingentyp, Usuba, erinnert an die improvisierten Messer vegetarischer Küchen in Südostasien. Hier braucht man keine Spitze, die in einem hektischen Küchenbetrieb ohnehin nur eine Gefahr darstellt. Am effektivsten lässt sich dieses Messer einsetzen, wenn man das Gemüse in der Hand* hält. Die dritte Klingenform ist das Yanagiba. Während das Deba senkrecht hackt und das Usuba Gemüse aus der Hand schneidet, wird das lange Yanagiba-Messer mit einem einzigen Schwung durch knochenfreies Fleisch und Fisch gezogen. So wird jede Klinge einer bestimmten Aufgabe perfekt gerecht.

* Diese Methode wird in der Katsuramuki-Schneidetechnik, dem Rundherumschälen, zur Kunst erhoben. Japanische Kochlehrlinge erlernen das an einem Rettich, den sie in ein einziges langes, hauchdünnes Blatt schneiden (siehe S. 98).

Die japanische Messerschmiedekunst beruht auf der Tradition der Shokunin (Handwerker). Dazu gehören lange, sehr formelle Ausbildungen, bei denen der Lehrling die Arbeit ein Leben lang im Stil seines Meisters fortführt. Dieses Ausbildungssystem in strikt männlicher Nachfolge hat regional unterschiedliche Handwerksschulen hervorgebracht. Für Messernarren ist das eine Goldgrube, und zu so mancher Klinge sind am Ende ein halbes Dutzend verschiedener Schlagworte zu finden. Die Shokunin-Tradition folgt dem Leitsatz, eine möglichst einfache Sache in absoluter Vollendung zu beherrschen. Wo ein westlicher Kunsthandwerker vielleicht die Grenzen seines Mediums erweitern oder kreative Sprünge machen würde, bleibt es die höchste Erfüllung eines Shokunin, für den Rest seines Lebens exakt das zu tun, was man ihm beigebracht hat, und sich dabei mit jedem Tag ein wenig mehr der Perfektion zu nähern. Das ist nichts weniger als die Umkehrung dessen, was Kreativität von unserer Warte aus bedeutet. Die Shokunin-Philosophie ist derart tief in der japanischen Kultur verwurzelt, dass man sie im Westen mit Ehrfurcht betrachtet. Einige der Messerschmiede in Japan wurden zu lebenden Nationalheiligtümern erklärt.

Die besten Messer kommen aus Sakai bei Osaka. Dort arbeiten Shokunin in ihren winzigen Werkstätten in strikter Arbeitsteilung. Jeder vollendet möglichst perfekt einen bestimmten Abschnitt im Fertigungsprozess. Ein Mann schmiedet, einer schleift, ein anderer poliert, weitere schärfen die Klinge und passen den Griff an (siehe S. 117ff.).

Die Shokunin-Lehre erklärt auch die Vielfalt an japanischen Messern. Von den drei grundlegenden Messerstilen existieren zahlreiche Abweichungen je nach regionaler Stillinie. Und die Messer unterscheiden sich nach ihrem beruflichen Einsatzgebiet. Fischhändler und Köche – jeder von ihnen ein Shokunin auf seine Art – verlangen bei ihren Werkzeugen höchste Zweckanpassung. Es gibt also verschiedene Regionalstile, aber auch subtile Abweichungen für bestimmte Fisch- oder Gemüsesorten.

Die vielleicht wichtigste Neuerung, die die einstigen Schwertschmiede zu den Küchenmessern beitrugen, war die Kombination verschiedener Metalle, um starke und scharfe Klingen zu erzeugen. Eine Schwertklinge musste hart sein, um lange scharf zu bleiben, sie musste aber auch etwas Nachgiebigkeit mitbringen, um im Kampf mit anderen Klingen nicht zu brechen. Die Lösung lag in einem Streifen *hagane* (Hartstahl), den man mit *jigane* (weichem Stahl) ummantelte. Ein solches Werkstück wurde erhitzt und geschmiedet, bis es eine Klingenform annahm, die widerstandsfähig war und scharf blieb. Heute bezeichnet man diesen Stil beim Messerkauf als *awase* (verbunden) oder *kasumi* (eingefasst). Mittlerweile bestehen die äußeren Schichten einer Messerklinge aus Edelstahl, der sich leichter reinigen lässt als eine Schwertklinge im 14. Jahrhundert. Oder aus Suminagashi, einem Stahl mit Mustern aus verschiedenen Stahllagen und -ätzungen, der sich an die Technik des japanischen Marmorpapiers anlehnt und für den wir gerne den Begriff „Damast" oder „Damaszener" verwenden.

DEBA

KLINGENLÄNGE: **105 MM**
GESAMTLÄNGE: **290 MM**
GEWICHT: **239 G**
HERSTELLER: **SAKON**
MATERIAL: **MASCHINELL GESCHMIEDETER SHIROGAMI-STAHL*, HO-MAGNOLIENHOLZ, BÜFFELHORN**
VERWENDUNG: **HÄUTEN, AUSBEINEN, FILETIEREN UND SCHNEIDEN VON FISCH UND FLEISCH**

DAS DEBA WIRKT auf den ersten Blick wie ein grobes Hackmesser. Es hat einen dicken Klingenrücken und wird bis zur Shinogi-Linie (siehe S. 130) fast auf der Mitte des Klingenblattes kaum schmaler. Nichts an ihm trägt zu einem geringeren Gewicht bei. Mit dem unteren Teil der Klinge werden Fischköpfe abgehackt. Der Koch umfasst das Messer im Hammergriff und durchtrennt mit dem unteren Ende den Knochen – meist mit einem Hieb. Dann aber ändert sich sein Vorgehen. Er richtet die Klinge gerade nach vorne aus und legt den Finger auf den Klingenrücken. So kommt die Messerspitze ins Spiel. Mit seinem einseitigen Anschliff ist das Deba irrsinnig scharf und geht mit Leichtigkeit durch Haut und Schuppen, während die flache Klingenseite widerstandslos über die Wirbelsäule gleitet. Plötzlich steht das Gewicht des Deba den feineren Arbeiten nicht im Weg, sondern stabilisiert die Klinge.

Echte Experten schärfen ihr Deba an verschiedenen Stellen der Klinge unterschiedlich, unten robuster und an der Spitze so fein wie ein Yanagiba. Das ist eine

* Japanischer Messerstahl wird vornehmlich von Hitachi produziert. Der Name der Sorte bezieht sich auf die Papierfarbe, in der er verpackt ist. Die gängigsten Messerstahlsorten sind:

Aogami (Blaupapierstahl)
Aogami Nr. 1: hohe Zugfestigkeit, weich genug zum einfachen Nachschärfen
Aogami Nr. 2: hohe Zähigkeit und Schnitthaltigkeit
Aogami Super: ideale Kombination der obigen Sorten

Shirogami (Weißpapierstahl)
Shirogami Nr. 1: der härteste Stahl von Hitachi, hoher Kohlenstoffgehalt
Shirogami Nr. 2: zäher als Nr. 1, aber ein wenig weicher

Kigami (Gelbpapierstahl)
Werkzeugstahl von guter Qualität für den allgemeinen Gebrauch

hervorragende Idee, erfordert aber mehr Übung und Geschick als die meisten von uns besitzen.

Das Deba ist das Alltagsmesser in Japans Küchen, und viele gute Exemplare sind aus nur einer Stahlsorte geschmiedet. Es ist allerdings möglich, eine Laminierung im *awase*-Stil einzubringen, welche die Deba-Klinge härter und widerstandsfähiger macht. Das hier abgebildete maschinengeschmiedete Deba ist ganz nach meinem Geschmack, schlicht und unkompliziert, und es überfordert auch mein Talent fürs Messerschärfen nicht. Ich kenne auch Versionen in unglaublich schönem Suminagashi-Stahl.

Es gibt Dutzende verschiedene Deba-Ausführungen, meist sehr ähnlich in Form und Proportion, aber in unterschiedlichen Größen. Einige davon sind spezialisiert auf bestimmte Fischsorten.

Mit doppelseitigem Anschliff und einem Griff im *yo*-Stil für den westlichen Markt fühlt sich ein Deba ganz nach einem angenehm schweren Kochmesser an und lässt sich auch ähnlich führen.

DEBA-TYPEN

AI-DEBA	leichte Ausführung
ATSU-DEBA	schwere Ausführung
HON-DEBA	Originalausführung
KAKO-DEBA	Fischhändler-Deba mit dünnerer Klinge
KANISAKI-DEBA	zum Filetieren von Schalentieren/Meeresfrüchten
KASHIWA-DEBA	Ausführung mit flacher Klinge für Geflügel
KATAI-DEBA	zum Zerteilen von Fisch und Fleisch
KO-DEBA	kleine Ausführung für kleinere Fischsorten
MIROSHI-DEBA	Filetier-Ausführung
RYO-DEBA	Ausführung mit beidseitigem Schliff
SAKA-DEBA	speziell für Lachs
YO-DEBA	beidseitig geschliffen mit westlicher Griffform

USUBA

KLINGENLÄNGE: **170 MM**
GESAMTLÄNGE: **320 MM**
GEWICHT: **126 G**
HERSTELLER: **SHIRO KAMO**
MATERIAL: **AOGAMI-STAHL NR. 2 IM AWASE-STIL, HO-MAGNOLIENHOLZ, BÜFFELHORN**
VERWENDUNG: **SCHNEIDEN VON GEMÜSE**

DAS USUBA-MESSER HAT ETWAS UNGEHEUER DIREKTES an sich. In seiner simpelsten Form ist es einfach nur eine rechteckige Ausführung eines Schneidewerkzeugs: keine scharfe Spitze, keine Rundung, einseitig geschliffen. Eine reduzierte Ausdrucksform des Konzepts Klinge.

Natürlich gibt es verfeinerte Formen. Das Kamagata-Usuba mit einer abgerundeten Ecke zwischen Klingenrücken und Spitze geht auf einen Stil in Osaka zurück. Der verbreitetere Kanto-Stil zeigt manchmal eine kleine Verjüngung zur eckigen Spitze hin. Das ist ein elegantes Stilelement in Anlehnung an eine typisch japanische Schwertspitze, hat aber keine küchentechnische Funktion. Dennoch sind auch diese Usubas nur auf das eine aus: dem Gemüse mit einer höllisch scharfen, geraden Klinge zu Leibe zu rücken.

Während Fleisch und Fisch auf dem Schneidebrett geschnitten werden, nimmt man in Japan Gemüse zum Schneiden oft in die Hand. Dafür ist das Usuba gemacht: leicht und gut mit der charakteristischen Rundumschälweise zum Daumen hin vereinbar, dabei ist es ebenso nützlich für waagerechte Schnitte wie ein chinesisches Chai Dao.

Es gibt einige kleinere Usuba-Ausführungen, die auf das Schneiden ganz bestimmter Gemüsesorten oder für besondere dekorative Schnittformen angepasst wurden.

GEMÜSE SCHNEIDEN

JAPANISCHE KÖCHE haben die Schneidetechnik des Rundherumschälens zur beeindruckenden Kunst des Katsuramuki erhoben. Sie nehmen ein handgroßes Stück einer zylinderförmigen Gemüsesorte, etwa Daikon-Rettich oder Gurke, in eine Hand. Mit der flach gehaltenen Messerklinge wird dann in der gesamten Länge eine hauchdünne Schicht rund um das Gemüsestück abgezogen. Dabei drehen sie den Gemüsezylinder und schneiden langsam zum Daumen hin, sodass ein sehr, sehr dünnes Rettich- oder Gurkenblatt entsteht, ein einziger langer Streifen. Diesen falten sie schichtweise übereinander und schneiden ihn beispielsweise in feinste Streifen oder in Spiralen, die dann in Nestform zum Sashimi gereicht werden. Von japanischen Kochlehrlingen erwartet man, dass sie die Katsuramuki-Technik so gut beherrschen, dass ein mindestens 2 m langes Gemüseblatt entsteht. Damit das gelingen kann, muss die Messerklinge allerdings derart scharf sein, dass kaum noch Druck nötig ist. Und der junge Koch muss mutig genug sein, die tödliche Stahlschneide die ganze Zeit auf den verletzlichsten Teil seiner Hand zu richten.*

Für diese Schneidetechnik eignet sich am besten ein Usuba. Das ist üblicherweise das erste Messer, das ein Nachwuchskoch in seiner Ausbildung zu handhaben lernt, denn Gemüse ist billiger als Fleisch oder Fisch. Beim Rundherumschälen ist der einseitige Anschliff der Klinge mit dem kleineren Fasenwinkel von Vorteil, da die Schneide so leichter unter die Oberfläche gleitet. Bei anderen Schneidetechniken ist das allerdings für unerfahrene Köche eher ein Nachteil. Wer an normale, beidseitig geschliffene Klingen gewöhnt ist, merkt bald, dass das Usuba-Messer gerne einseitig abdriftet und ständig korrigiert werden muss. Auch lässt sich das Usuba nicht so leicht schärfen wie andere Messer. Seine ungewöhnliche Klingenform ist aber derart nützlich, dass viele Köche, die nicht aus Japan stammen, sich entweder an das Usuba gewöhnt oder ein Nakiri zugelegt haben – die leichtere, beidseitig geschliffene Version des Usuba für die Schneidetechniken des Westens.

* Wenn Sie das selbst probieren wollen (und einen Versuch ist es wirklich wert), sollten Sie sich einen schnittfesten Kevlar-Handschuh besorgen und ihn über die Haltehand ziehen. So ein Schutzhandschuh ist im Berufsbekleidungsfachhandel oder online zu finden und billiger als ein Taxi zur Notaufnahme.

JAPANISCHE SCHNITTFORMEN

KUSHIGATA-GIRI	Keile (wie Orangensegmente) aus rund geformtem Gemüse geschnitten
WA-GIRI	kreisförmige Scheibe von einem runden oder zylindrischen Gemüsestück
HANGETSU-GIRI	die Hälfte einer runden Scheibe
ICHO-GIRI	das Viertel einer runden Scheibe
SEN-GIRI	dünne Streifen (Julienne)
HOSO-GIRI	Stifte (Bâtons)
HYOSHIGI-GIRI	dicke Stifte aus hartem oder Wurzelgemüse
TANZAKU-GIRI	Stäbe, flache schmale Rechtecke
SOGI-GIRI	hauchdünn abgeschälte Späne
MIJIN-GIRI	feine Würfel
ARAMIJIN-GIRI	grobe Würfel
RAN-GIRI	unregelmäßige Formen durch schräges Schneiden von langem, dünnem Gemüse, wobei es beim Schneiden gerollt wird
ARARE-GIRI	ca. 5 mm große Würfel
SAINOME-GIRI	ca. 10 mm große Würfel
USU-ZUKURI	schräg gegen die Faser geschnittene hauchdünne Einzelscheiben, die in einer senkrechten Schnittkante (*koba*) enden, Schnittform für weißen Fisch und Fugu (Kugelfisch)
SOGI-ZUKURI	wie *usu-zukuri*, aber dickere Scheiben (mehr als 2,5 mm)
HIRA-ZUKURI	dicke senkrechte Scheiben, üblich bei Lachs- und Thunfischfilet
YAE-ZUKURI	kreuzweise Einschnitte bis zur halben Tiefe, um Kalmar zarter zu machen
KAKU-ZUKURI	gewürfelter weicher Fisch
ITO-ZUKURI	sehr dünne fadenartige Streifen

BLENHEIM
FORGE

NAKIRI

KLINGENLÄNGE: **135 MM**
GESAMTLÄNGE: **235 MM**
GEWICHT: **90 G**
HERSTELLER: **BLENHEIM FORGE**
MATERIAL: **IM AWASE-STIL GESCHMIEDETER HARTSTAHL, MOOREICHE**
HERKUNFTSLAND: **GROSSBRITANNIEN**
VERWENDUNG: **SCHNEIDEN UND SCHÄLEN VON GEMÜSE**

DER NAME NAKIRI lässt bereits vermuten, dass dieses Messer für Gemüse gemacht ist. Es hat dieselbe Form wie ein Usuba und eine flache Schneide für senkrechtes Hacken. Aber es ist nicht auf die Katsuramuki-Schnitttechnik spezialisiert und kann sich daher eine beidseitig geschliffene Klinge leisten.

Deba und Yanagiba sind dicke Messer mit einer senkrechten Verjüngung ungefähr in der Mitte zwischen Klingenrücken und Schneide. Das stärkt ihre Klingen ungemein. Nicht so das Nakiri, das ein glattes, flaches Klingenblatt hat. Mit dem keilförmigen Deba geraten beispielsweise Karottenstifte leicht unregelmäßig, da die Klinge zu einer Seite hin abdriftet. Das Nakiri hingegen ergibt perfekt gerade Schnittkanten.

Deshalb können Köche aus der westlichen Welt sich sehr viel leichter an das Nakiri gewöhnen als an das Usuba. Klingen mit beidseitigem Anschliff driften beim Schneiden nicht in eine Richtung ab und lassen sich leichter pflegen. Vielleicht ist das auch der Grund dafür, dass sich das Nakiri allmählich in den japanischen Haushalten durchsetzt, ähnlich wie das Santoku.

Auch das Nakiri ist in regionalen Varianten erhältlich. Die abgerundete Ecke des *kamagata*-Stils ist vor allem in Osaka verbreitet.

Das hier abgebildete Nakiri hat sich ein britischer Koch nach Maß anfertigen lassen. Die Klinge ist dünn, leicht und hat eine kaum wahrnehmbare Krümmung. Der Griff richtet sich weder nach dem traditionell japanischen *wa*-Stil noch nach dem westlichen *yo*-Stil, sondern ist eine Mischung aus beiden, die sich nach oben und unten verjüngt. Es ist ein unglaublich leichtes, beinahe zartes Messer, klein, flexibel und perfekt kontrollierbar.

左近作

YANAGIBA

KLINGENLÄNGE: **260 MM**
GESAMTLÄNGE: **410 MM**
GEWICHT: **194 G**
HERSTELLER: **SAKON**
MATERIAL: **HONYAKI SHIROGAMI (WEISSPAPIERSTAHL), HO-MAGNOLIENHOLZ, BÜFFELHORN**
VERWENDUNG: **FILETIEREN, HÄUTEN, ENTGRÄTEN UND SCHNEIDEN VON FISCH**

KENSAKI-STIL (ABB. S. 104)
KLINGENLÄNGE: **260 MM**
GESAMTLÄNGE: **420 MM**
GEWICHT: **205 G**
HERSTELLER: **KIKUICHI**
MATERIAL: **GINSANKO-STAHL IM AWASE-STIL, BÜFFELHORN, GRIFF NICHT BEKANNT**
VERWENDUNG: **FISCH UND FLEISCH**

DAS YANAGIBA, wörtlich „Weidenblatt", gehört zu einer Familie von Messern für Sushi und Sashimi. Nach westlichem Maßstab ist es außergewöhnlich lang – zum professionellen Sashimi-Schnitt kommen Klingen von über 36 cm Länge zum Einsatz. Denn mit einer längeren Klinge ist jeder Schnitt in einer einzigen Bewegung möglich. Grobe oder „gesägte" Schnittkanten sind bei diesen feinen Präsentationsformen des Fisches nicht akzeptabel.

Japanische Köche glauben, dass jeder unnötige Druck auf den Fisch beim Schneiden seine Qualität mindere. Der Anspruch an visuell perfekte Ergebnisse hat dazu geführt, dass das Yanagiba der heute vermutlich am weitesten entwickelte Messertyp ist. Eine Yanagiba-Klinge kann durch den Fisch gezogen oder auch hineingeschoben werden. Letztere Technik wird angewandt, wenn Schuppen oder Gräten abzutrennen sind. Für Schnitte an einem gesäuberten Filet wird die Klinge immer nach unten durchgezogen.

Es lohnt sich, einmal zuzusehen, wie ein geübter Sashimi-Küchenchef mit seinem Yanagiba arbeitet. Wenn er es ansetzt, deutet das Messer fast im 45-Grad-Winkel nach oben. Dann zieht er die ganze Klingenlänge mit elegantem Schwung nach

unten und gleichzeitig durch das Fleisch durch, wobei er nicht selten den gesamten Körper einsetzt.

Die Klinge dieses Messers ist *honyaki*, das bedeutet, sie wurde aus nur einer Sorte Stahl geschmiedet. Sie ist einseitig geschliffen, was in geübten Händen genauer kontrollierte Schneidwinkel ergibt. Die Rückseite der Klinge ist leicht konkav geformt, sodass sie sich leichter von der Schnittfläche löst. Außerdem kommen auf diese Weise beim Schärfen nur die äußersten Kanten mit dem Schleifstein in Berührung. Die Klinge ist dünn und gut poliert, damit weniger Reibung entsteht und so weniger Kraftaufwand zum Schneiden nötig ist. Durch den einseitigen Anschliff fällt das geschnittene Stück natürlicher vom Rest des Schneidguts ab. Der einseitige Anschliff benachteiligt allerdings auch linkshändige Köche. Es gibt zwar speziell für Linkshänder gemachte Yanagibas, aber die sind selten und kostspielig.

Bei uns im Westen verwenden wir zum Filetieren von Fisch eine flexible Klinge, die sich beim Schneiden biegen und der auf das Schneidebrett flach gedrückten Fischhaut anpassen kann. Das Yanagiba besitzt keinerlei Biegsamkeit und zerbricht leicht, wenn man es auf diese Weise einsetzen würde.*

DAS YANAGIBA IM KENSAKI-STIL auf der Abbildung links bezieht seine Inspiration aus der Form alter Schwertklingen und hat eine abfallend geschmiedete Spitze. Das wird auch als *tanto*-Stil bezeichnet, benannt nach den Kurzschwertern oder Dolchen der Samurai-Tradition.

* Ja, Sie haben ganz recht, hier klingt ein Anflug bitterer und sehr teuer erkaufter Erfahrung an.

TAKOHIKI

KLINGENLÄNGE: **270 MM**
GESAMTLÄNGE: **420 MM**
GEWICHT: **220 G**
HERSTELLER: **SAJI**
MATERIAL: **HONYAKI AOGAMI (BLAUPAPIERSTAHL), BEIDSEITIG GESCHLIFFEN**
VERWENDUNG: **EIGENTLICH FÜR OKTOPUS, PRAKTISCH ABER FÜR ALLE ARTEN SASHIMI**

DAS TAKOHIKI, der „Oktopusschneider", wird genauso wie das Yanagiba verwendet, nur ist die Schneide seiner Klinge gerader ausgerichtet. Diese Messer sind im Osten von Japan und in der Gegend um Tokio verbreitet, während das Yanagiba traditionell eher in den Westen und die Gegend um Osaka gehört. Dass sich zwei parallele Klingenstile für exakt denselben Zweck entwickelt haben, lässt letztlich am Sinn einer Klingenspitze zweifeln. Geschnitten wird auch hier in einem langen Zug nach unten und durch das Schnittgut, und es gibt nur wenige vorstellbare Umstände, in denen die Spitze eines so langen Messers sinnvoll zum Einsatz käme. Sie wäre so weit entfernt von der Führungshand kaum noch zu lenken. Mir gefällt die Vorstellung, dass die Messerspitze eine leise Anspielung auf die Samurai-Tradition ist, die der japanischen Messerschmiedekunst zugrunde liegt. Und diese Idee sagt Küchenchefs auf der ganzen Welt zu, egal aus welcher Kultur sie stammen.

Was die Sache endgültig verwirrend macht, ist ein weiterer Typ Takohiki, der als Sakimaru Takohiki bezeichnet wird und der eine gerade Schneide, aber auch eine sanft abgerundete Spitze besitzt.

HANKOTSU/HONESUKI

KLINGENLÄNGE: **150 MM**
GESAMTLÄNGE: **265 MM**
GEWICHT: **156 G**
HERSTELLER: **KIKUICHI**
MATERIAL: **MASCHINELL GESCHMIEDETER 2N-KOHLENSTOFFSTAHL, GEFÄRBTES PAKKAHOLZ**
VERWENDUNG: **AUSBEINEN VON HÄNGENDEM FLEISCH**

DAS HANKOTSU ist das traditionelle Ausbeinmesser von japanischen Fleischern. Es ist kurz, hat einen dicken Klingenrücken und ist sehr widerstandsfähig. Sehr gut eignet es sich für den „Eispickelgriff", mit dem hängende Schlachttiere zerlegt werden und bei dem der Schneidende das Eigengewicht des Fleischs zu seinem Vorteil nutzt. Die scharfe Spitze lässt sich problemlos in schwierige Gelenke bohren und diese auftrennen. Die ersten drei Viertel der Klinge werden geschärft, um damit Muskeln zu durchtrennen und Silberhaut zu entfernen. Das letzte Viertel der Klinge bleibt stumpf, um die Finger zu schützen.

Gröbere Fleischerarbeiten führt ein japanischer Koch mit einem Honesuki aus, das etwas mehr Raum für die Fingerknöchel bietet. Ein Honesuki Maru wie das hier abgebildete hat eine sanft geschwungene Klinge. Ein Honesuki Kaku hingegen hat eine eckigere Form. Es ist ideal für Fleischerarbeiten an kleinem Geflügel oder Kaninchen. Für größere Tiere gibt es eine schwerere Version des Honesuki, das sogenannte Garesuki.

Trotz seines eingeschränkten Spezialgebiets hat sich das Hankotsu unter westlichen Köchen Freunde gemacht. Das liegt vor allem an seiner schmalen Form und seinem Gewicht, das es robuster macht als viele andere japanische Klingen. Man findet diese Messer immer öfter in unseren Restaurantküchen, wo es gut geschärft allgemeine Küchenarbeiten verrichtet.

GYUTO

KLINGENLÄNGE: **210 MM**
GESAMTLÄNGE: **350 MM**
GEWICHT: **345 G**
HERSTELLER: **SAN-ETSU**
MATERIAL: **ZDP-189-STAHL IM AWASE-STIL**
VERWENDUNG: **FÜR ALLE ZWECKE**

GYUTO BEDEUTET WÖRTLICH „RINDERKLINGE". In der Messertasche japanischer Küchenchefs ist dieses Messer ein relativer Neuzugang. Seine Form und Länge können variieren, aber im Grunde ist es die japanische Interpretation unseres westlichen Kochmessers. Es ist beidseitig geschliffen, die Schneide hat eine ausgeprägte Krümmung und eine Spitze. Seine Klinge allerdings ist deutlich dünner und leichter als unsere. Der Besitzer des hier abgebildeten Messers beschreibt es als „sehr westlich inspiriertes Gyuto" aus ZDP-189 – einem speziellen Werkzeugstahl – und mit einem vernieteten Griff im *yo*-Design. Das zarte Damastmuster der Klinge entsteht beim Schmieden mit einer Stanze in Zufallsverteilung.

Dieses Messer ist echte High-End-Ware von höchster Handwerkskunst und aus perfektem Material. Es ist auch ein gutes Beispiel dafür, wie sich die japanische Schmiedekunst vermögenden Sammlern und anspruchsvollen Köchen aus aller Welt angepasst hat. Der Hightech-Stahl ist überraschend zäh, was bedeutet, dass einige Mühe erforderlich ist, um ihn ordentlich zu schärfen. Doch ist es erst einmal scharf, dann bleibt dieses Messer auch sehr lange Zeit so. Eines Tages, wenn ich reich bin, möchte ich eins davon haben. Und einen ganzen Raum dafür. Und einen Messerschärfer in Vollzeit unter meinen Bediensteten ...

SANTOKU

KLINGENLÄNGE: **180 MM**
GESAMTLÄNGE: **300 MM**
GEWICHT: **302 G**
HERSTELLER: **SAKURA**
MATERIAL: **R2-101-LAGEN DAMASZENER STAHL IM AWASE-STIL, ELFENBEIN**
VERWENDUNG: **FÜR ALLE ZWECKE**

DAS SANTOKU ist mittlerweile das meistverwendete Messer in japanischen Haushalten und hat sich auf der ganzen Welt als ideales universal geeignetes Küchenmesser durchgesetzt. In der Ausrüstung eines westlichen Koch-Azubis (siehe S. 44) findet sich neben dem Kochmesser sehr oft auch ein Santoku.

Der Name wird meist als „drei Tugenden“ oder „drei Stärken“ übersetzt, aber niemand kann genau sagen, ob sich das auf die drei Zutatengruppen bezieht, für die es sich eignet (Fisch, Fleisch und Gemüse) oder auf die drei Schneidestile (zerkleinern, in Scheiben schneiden, hacken) oder auf die drei traditionellen Messer, deren Funktion es übernehmen kann (Yanagiba, Deba und Usuba).

Da es einen beidseitigen Anschliff und eine dem westlichen Kochmesser ähnliche Form besitzt, verstehen manche es als Untertyp des Gyuto, aber ich halte seine Geschichte für komplexer. Die Klinge des Santoku ist im unteren Bereich weit weniger gekrümmt als die unserer Kochmesser, und in vielerlei Hinsicht erinnert es eher an den Gebrauch des Usuba oder des Chai Dao. Ich denke, seine wachsende Beliebtheit weltweit hat mehr mit der Veränderung unserer Ernährungsgewohnheiten und Zubereitungsmethoden zu tun. Wir betrachten die fleischlastige Kost der französischen Küche nicht mehr unbedingt als das A und O der Kochkunst. Wir orientieren uns mehr an anderen Kulturen und wenden uns stärker der Gemüseküche zu. Es ist vielleicht nicht überraschend, dass das altehrwürdige Kochmesser einem neueren und leichteren Modell zu weichen beginnt, das sich an einem abwechslungsreicheren Speiseplan orientiert und dem Gemüseschneiden zugeneigt ist.

PETTY-MESSER

KLINGENLÄNGE: **120 MM**
GESAMTLÄNGE: **228 MM**
GEWICHT: **63 G**
HERSTELLER: **TADAFUSA**
MATERIAL: **HAMMERGESCHMIEDETER SAN-MAI-AOGAMI NR. 2 (BLAUPAPIERSTAHL), AFRIKANISCHES ROSENHOLZ**
VERWENDUNG: **SCHNEIDEN VON GEMÜSE, GEFLÜGEL UND KNOCHENFREIEM FLEISCH**

KLINGENLÄNGE: **150 MM**
GESAMTLÄNGE: **267 MM**
GEWICHT: **81 G**
HERSTELLER: **TAKAMURA**
MATERIAL: **PULVERMETALLURGISCHER STAHL (PM-STAHL) SG-2 (R2), PAKKAHOLZ**
VERWENDUNG: **SIEHE OBEN**

„**PETTY**“ als Abwandlung des französischen Begriffs *petit* („klein“) ist international zu einer Art Sammelbezeichnung für kleine, beidseitig geschliffene Universalmesser geworden. Die meisten japanischen Hersteller bieten nun Petty-Messer mit einer Länge von 110 mm bis 150 mm an, die wie die schlankere Version eines französischen Kochmessers geformt sind.

Das Petty-Messer ist dünn, leicht, ein wenig biegsam und hilfreich bei vielen Tätigkeiten, vom Gemüseschälen bis zum Kräuterhacken. Obwohl die Klinge einen ausgeprägten Bart hat, ist das ganze Messer doch viel zu klein, um es im Hammergriff zu nutzen. Die meisten nehmen so ein Messer gleich über dem Kropf in den Zangengriff.

Um den Fingerknöcheln mehr Spielraum zu geben, haben einige Hersteller alternativ gestaltete Petty-Messer auf den Markt gebracht, die eine etwas versetzte Klinge haben und den Griff weiter vom Schneidebrett fernhalten. Dennoch bleiben sie optisch von solch auffallender Hässlichkeit, dass sie in einer sorgsam zusammengestellten Messertasche meist keinen Platz haben.

Die kleinen Petty-Messer sind so leicht und gut führbar, dass sie sich besonders dann eignen, wenn das Schneidgut nicht liegt, sondern in die Hand genommen wird.

SHOKUNIN!
Die Messermacher

Sakai. Eine Industriestadt bei Osaka.
Seit Urzeiten das Zentrum der japanischen Schwertschmiedekunst, heute Heimat der begehrtesten Küchenmesser der Welt.
Es herrscht absolute Arbeitsteilung. Jedes Messerteil kommt von einem anderen Handwerksmeister, dem ultimativ spezialisierten ...
...Shokunin!

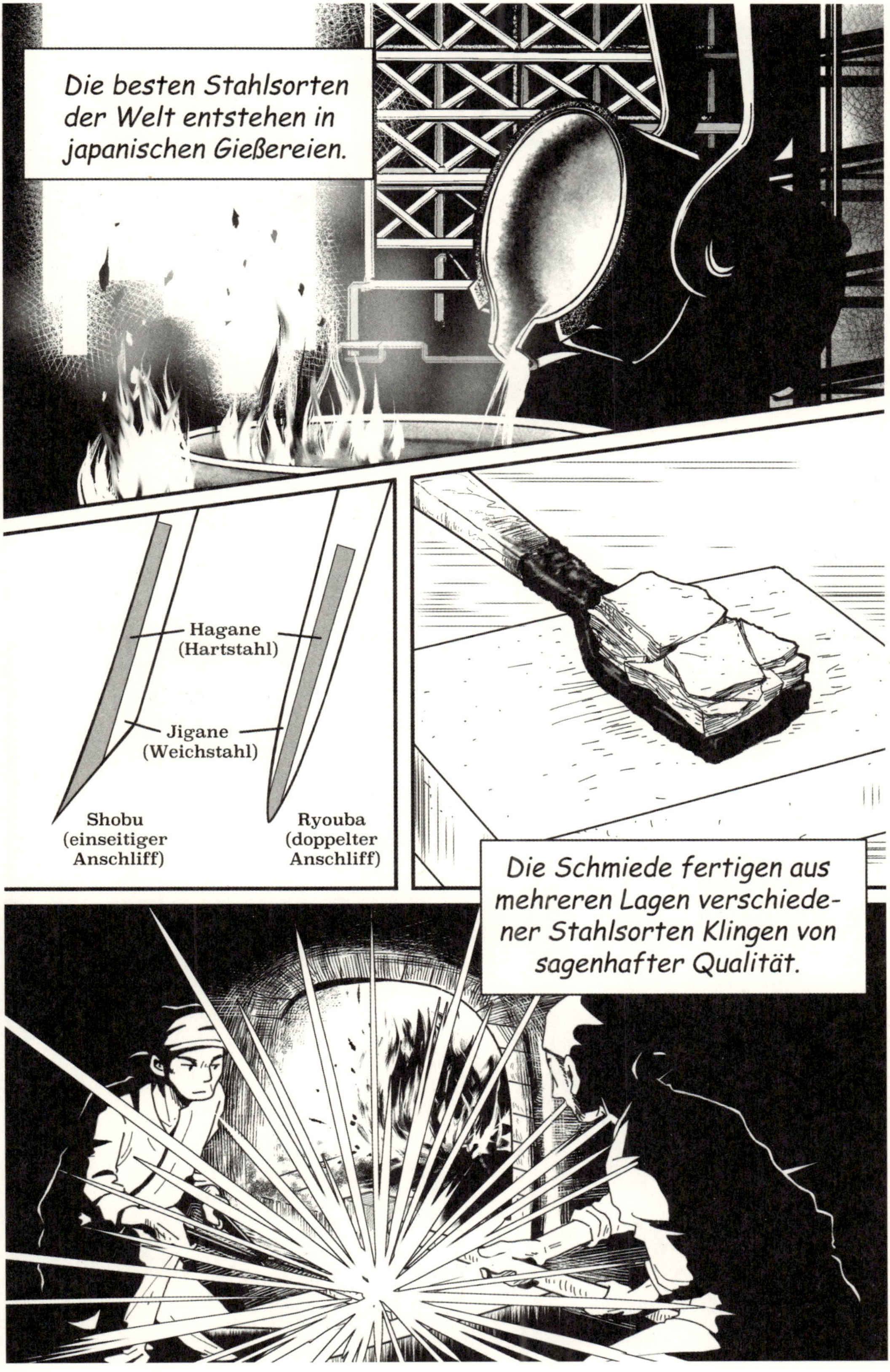
Die besten Stahlsorten der Welt entstehen in japanischen Gießereien.
Hagane (Hartstahl)
Jigane (Weichstahl)
Shobu (einseitiger Anschliff)
Ryouba (doppelter Anschliff)
Die Schmiede fertigen aus mehreren Lagen verschiedener Stahlsorten Klingen von sagenhafter Qualität.

„Mr Awase" hämmert die Stahllagen mit einem mechanischen Hammer zu einer groben Rohklinge zusammen.
BANG
BANG
BANG
BANG
BANG
„Mr Kiriha" legt sich jeden Tag über den großen Schleifstein und verleiht der Klinge die erste Form.
Whirrrrrrr

„Mr Kahasi" verwendet ein waagerechtes Schleifrad und flache Steine.
Shiiiing
Er kennt alle geheimen Profile der Zunft, um die schärfsten Schneiden zu formen.
裏 hinten
峰(Mine) Rücken
表 vorne
平(Hira) Klingenspiegel
裏スキ(Urasuki) konkaver Rücken
シノギ筋 (Shinogi-siji) Shinogi-Linie
裏押し (Uraoshi) flacher Hohlschliff
切刃 (Kiriha) Fase (Anschlifffläche)
刃先 (Hasaki) Schneide
Flachschliff
konvexer Schliff
asymmetrischer halbkonvexer Schliff
asymmetrischer Flachschliff
Compound-Schliff
Hohlschliff
keilförmiger Schliff
keilförmig mit Hinterschliff
keilförmig mit Urasuki

„Mr Ho" spaltet Holz für die Messergriffe aus Magnolienholz-blöcken … ziemlich viele.
„Mr E" schleift den Griff.
Whirrrrrrrr
„Mr Tsunomaki" schnitzt den Kropf oder die Zwinge aus Büffelhorn.

„Mr Hira" poliert die Klinge und schlägt die Schmiedemarke mit dem Namen ein.
„Mr Nakago" erhitzt den Klingenerl und brennt ihn in den Griff ein.
切っ先 Kissaki
しのぎ筋 Shinogi-suji
平 Hira
峰 Mine
マチ Machi
柄 E
柄尻 Ejiri
反り Sori
刃境 Hazakai
刃先 Hasaki
アゴ Ago
切刃 Kiriha
中子 Nakago
角巻 Tsunomaki

Mr あわせ
Mr きりは
Mr かはし
Mr Ho
Mr E
Mr 角巻
Mr ひら
Mr なかご

SUSHIKIRI

KLINGENLÄNGE: **200 MM**
GESAMTLÄNGE: **360 MM**
GEWICHT: **372 G**
HERSTELLER: **SAKAI TAKAYUKI**
MATERIAL: **HONYAKI SHIROGAMI (WEISSPAPIERSTAHL), HO-MAGNOLIENHOLZ, THERMOPLAST**
VERWENDUNG: **SCHNEIDEN VON SUSHI**

EINIGE SUSHI-SORTEN (Sushi Maki) werden in langen Rollen vorgefertigt und kurz vor dem Servieren in mundgerechte Portionen zerteilt. Der Fisch darin sollte mit einer einzigen Bewegung durchtrennt werden, und das Nori-Algenblatt sollte trocken und fest bleiben. Für solche Schnitte kann man nur allerschärfste Klingen gebrauchen. Der Sushi-Reis hat eine klebrige Konsistenz, die sich bald auf der Klinge sammelt und immer wieder feucht abgewischt werden muss. Das lässt sich zwar mit einem gewöhnlichen Yanagiba erledigen, doch das Sushikiri wurde für keinen anderen Zweck entwickelt als die elegantesten Präsentationen von Sushi Maki.

Die Klinge ist einseitig geschliffen und wiegt nicht viel. Für diese eine Spezialaufgabe braucht das Messer keine Klinge aus mehrlagigem Stahl, und auch der Klingenrücken muss nicht so dick sein wie bei einem Yanagiba. Das Sushikiri ist insgesamt viel dünner, eher wie ein Usuba. Vor allem aber ist die Klinge nicht nur lang, sondern auch breit. Daher kann sie mit einer einzigen Schnittbewegung nach vorne gezogen und gleichzeitig nach unten gedrückt werden.

UNAGISAKI & MEUCHI

KLINGENLÄNGE: **160 MM**
GESAMTLÄNGE: **272 MM**
GEWICHT: **298 G**
HERSTELLER: **SAN-ETSU**
MATERIAL: **SHIROGAMI (WEISSPAPIERSTAHL) IM AWASE-STIL, HO-MAGNOLIENHOLZ, BÜFFELHORN**
VERWENDUNG: **HÄUTEN, ENTGRÄTEN, AUSNEHMEN, FILETIEREN UND PORTIONIEREN VON AAL**

AALE (JAPANISCH UNAGI) spielen schon seit langer Zeit eine wichtige Rolle in der japanischen Küche. Man kauft sie lebend und tötet sie erst kurz vor der Zubereitung, bevor man sie zuschneidet.

In vielen Fischrestaurants und -geschäften wird das zum Beweis der Frische direkt vor den Augen des Kunden erledigt. Dem Aal wird mit einem schnellen flachen Schnitt die Kehle durchtrennt, und sein Kopf wird mit dem Meuchi am Schneidebrett befestigt. Der Koch oder Fischhändler legt den Aal in ganzer Länge aufs Brett und trennt ihn dann mit der Messerspitze entlang der Wirbelsäule mit einem einzigen langen Schnitt auf. Dabei gelingt es einem Profi, die Eingeweide geschickt zu umgehen, die er anschließend aus dem aufgeklappten Aal mit dem flachen geraden Hauptteil der Klinge herausholt. Dann zieht er noch in einem Durchgang die ganze Wirbelsäule heraus, und der Aal ist küchenfertig.

Es gibt so gut wie kein Szenario, in dem ein westlich ausgebildeter Koch etwas mit einem Unagisaki anfangen könnte. Um das nötige Geschick für diese Aal-Performance aufzubringen, müsste er jahrelang üben. Aber es ist doch interessant zu sehen, wie das simple Filetiermesser Deba hier für einen ganz speziellen Einsatz verfeinert wurde.

JAPANISCHE FACHBEGRIFFE

BA/HA	Klinge
KIRI	schneiden
HOCHO/BOCHO	Küchenmesser
SHOKUNIN	Handwerker, Kunsthandwerker
SHOBU	einseitiger Anschliff
RYOUBA	beidseitiger Anschliff
HONBA TSUKE	Schärfung eines neuen Messers nach Maß
KOBA	Schneide
KAKU	eckig
ATSU	dick, schwer
KO	klein
MIROSHI	filetieren
KATSURAMUKI	rundherum schälen
SAKI	zerreißen, brechen
BIKI/HIKI	ziehen
KASUMI	umschließen, umhüllen
AWASE	verbunden
YANAGI	Weide
JIGANE	Weichstahl
HAGANE	Hartstahl
SAN MAI	Stahllaminierung
SUMINAGASHI	Papier marmorieren
E	Griff
EJIRI	Griffende
KAKUMAKI	Zwinge
AGO	Klingenbart
MUNE oder SE	Klingenrücken
TSURA oder HIRA	Klingenspiegel
KIRIHA	breite Fase
SHINOGI	Linie zwischen Klingenspiegel und Fase
HASAKI	Schneide
KISSAKI	Messerspitze, Klingenende
MACHI	Kerbe zwischen Klinge und Erl (manchmal sichtbar)

MUNE MACHI	obere Klingenkerbe
HA MACHI	untere Klingenkerbe
HAMON	Härtelinie
HADA	Maserung, Narbung
WA	japanischer Stil
YO	westlicher Stil
TARA	pazifischer Kabeljau
SAKE	Lachs
UNAGI	Aal
TAKO	Oktopus
FUGU	Kugelfisch
BUTA	Schwein, Schweinefleisch
SUJI	Sehne
MEN	Nudel

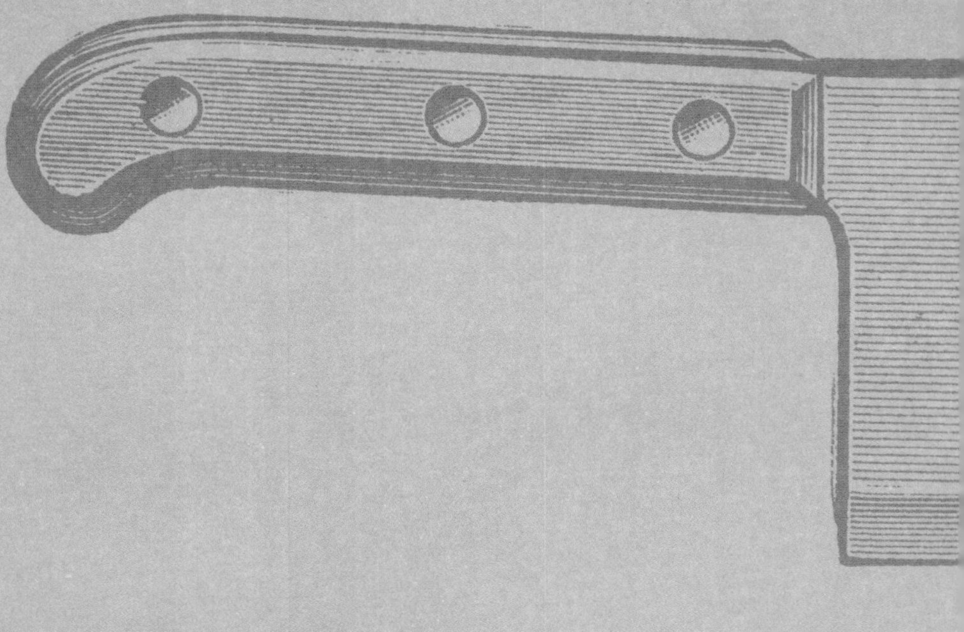

FLEISCHERMESSER

FLEISCHERMESSER

DIE TECHNIKEN BEIM SCHLACHTEN UND ZERLEGEN von Tieren variieren nicht nur international; auch innerhalb eines Landes gibt es zuweilen regional unterschiedliche Schnittarten. Das alte Vokabular von Kamm, Lachs und Karree hat in verschiedenen Landstrichen leicht unterschiedliche Bedeutung. Was das britische Fleischereiwesen betrifft, so hat man zumindest in der Keule und Bandsäge eine Gemeinsamkeit gefunden. Traditionell bevorzugt man überall in Großbritannien für Lammkeulen und ähnlich große Fleischportionen am Knochen die Zubereitung im Backofen.

Die Bandsäge eines Fleischers sieht nicht viel anders aus als die eines Holzverarbeiters. Der Fleischer kann einen Tierkörper damit durchaus ähnlich behandeln wie der Zimmermann einen Baumstamm. Das Äußere wird sauber abgetrennt und das Fleisch dann in große Blöcke zersägt. Der klassische Braten von der Lammschulter, wie er bei uns am Sonntagabend noch gerne auf den Tisch kommt, ist eine fast quadratische Fleischmasse, die auf der Servierplatte wunderschön aussieht. Doch sie enthält ein gutes Dutzend Muskeln und sämtliche Gewebearten von Knochen über Knorpel und Fett bis zum mageren Fleisch. Das klingt, als sei das etwas Schlechtes, aber die englische Nationalküche hat sich für die Zubereitung genau solcher Keulen einen international viel beachteten Ruf erworben. Wir haben die Kunst gemeistert, derart gemischt zusammengesetzte Stücke genau so im Ofen zu garen, dass nur das Beste an Geschmack und Textur zurückbleibt.

Andere Schlachttraditionen haben sich weniger brachial entwickelt. Dort wird das geschlachtete Tier wenn möglich in einzelne Muskeln oder Muskelgruppen zerlegt, indem man ihrem Verlauf bis zu den Gelenken folgt. Dazu braucht es nicht viele Geräte. Ein kurzes, geschwungenes Fleischermesser besorgt die erste Zerlegung, wobei der Fleischer den stumpfen Messerrücken mit einsetzt, um Fleisch von den Knochen zu schaben. Seltener kommt ein Kettenhandschuh zum Einsatz, und dann meist nicht so sehr, um die Haltehand vor der Klinge zu schützen, als vielmehr für einen starken und sicheren Griff am Fleisch, wenn die Muskeln freigelegt werden. Diese Art des Zerlegens erfordert andere Fähigkeiten – und bedeutet für einen klassisch ausgebildeten britischen Fleischer oft einiges Umlernen. Das wiederum kann sich lohnen. Die vordere Hälfte eines Lammes etwa, die vorher vielleicht zwei Schulterbraten, ein Nackenstück und etwas Lammhack ergeben hat, kann sorgsam geschnitten für ein Dutzend oder mehr Stücke von unterschiedlicher Größe und Textur herhalten, die leicht zu garen, günstig in der Anschaffung und köstlich im Geschmack sind. Dieses Fleisch gelingt meist in der Pfanne gebraten oder saftig geschmort besser als im Backofen.

In Großbritannien gehört daher zur Fleischerausstattung neben dem Hackbeil und der Säge auch ein Ausbeinmesser aus kräftigem Stahl, der scharf bleibt. Andernorts gibt es Werkzeuge unterschiedlicher Art, welche die Funktion eines schweren Fleischermessers mit der eines leichten Hackbeils verbinden.

Über Generationen waren die Fleischer vor Ort immer die Experten für scharfe Messer. Viele hatten einen eigenen Schleifstein im Betrieb. In alten Kochbüchern findet sich noch die Aufforderung, die Haushaltsmesser regelmäßig zum Fleischer zu bringen, um sie dort schleifen zu lassen. Der Umgang mit Messern hat sich in diesem Handwerk jedoch mit der Einführung des „Diamant"-Wetzstahls radikal verändert.

Wo ein herkömmlicher Wetzstab nur dazu diente, die angeschmiedete Fase einer Schneide zu korrigieren, entfernt dieser moderne Wetzstahl mit seiner Beschichtung aus stark scheuerndem Diamantstaub tatsächlich beträchtliche Mengen Metall von der Klinge (siehe S. 205). So ein Diamant-Wetzstahl verschafft letztlich jeder Klinge eine anständige Schärfe, egal wie ungeübt er geführt wird. Doch der Diamant-Wetzstahl frisst eine Klinge auch mit erschreckendem Tempo weg. Obwohl die traditionelle Schärfpraxis in vielen Fleischereibetrieben noch nicht vergessen und auch immer noch Bestandteil der Ausbildung ist, benutzen die meisten heute doch Diamant-Wetzstähle und Arbeitsmesser aus billiger Massenware*. Diese Artikel werden dann regelmäßig entsorgt und ersetzt.

* Der aus einem Stück geformte Kunststoffgriff, in dem sich keine mikroskopischen Risse bilden, folglich auch keine Bakterien festsetzen, kommt außerdem den Arbeitsschutzrichtlinien entgegen.

SCIMITAR

KLINGENLÄNGE: **260 MM**
GESAMTLÄNGE: **390 MM**
HERSTELLER: **FORSCHNER/VICTORINOX**
MATERIAL: **EDELSTAHL, ROSENHOLZ**
HERKUNFTSLAND: **USA**
VERWENDUNG: **SAUBERES UND REGELMÄSSIGES SCHNEIDEN VON ENTBEINTEM FLEISCH**

DAS SCIMITAR ist fast schon das Klischee eines Schlachtermessers. Es hat eine lange Klinge, die quer durch ganze Muskelgruppen schneiden kann. Wie mit einem Yanagiba entsteht so mit wenigen Messerbewegungen eine feine, glatte Schnittfläche. Die Klinge ist schwer genug, um damit kleinere, nachgiebige Knochen zu hacken. Sie wird zur Spitze hin breiter, was ihren Schwerpunkt vom Griff weg verlagert, sodass man das Messer wie einen Hammer schwingen kann. Die Form der Spitze begünstigt auch das Nachdrücken mit der anderen Hand durch Knochen und Gelenke.

Der Name „Scimitar" stammt von einer Säbelform, die in ganz Asien und im Nahen Osten vorkommt und sich auf die Krümmung der Schneide bezieht, durch die das Messer auch gut zum Feinhacken im Wiegeschnitt verwendet werden kann.

Dieses Messer ist ein gutes Beispiel dafür, dass sich bestimmte Messer mit der Zeit weiterentwickelt haben, um verschiedene Funktionen zu erfüllen. Als Universalwerkzeug für Fleischer ist es besonders im Ladengeschäft sehr zweckdienlich, denn es ist immer rasch bei der Hand und passt sich den meisten Aufgaben an. Wie das Kochmesser ist auch das Scimitar in Klingenlängen von 20 cm bis 26 cm erhältlich.

Das hier abgebildete Messer fing zwar einmal in einer Metzgerei an, verrichtet nun aber seit 30 Jahren gute Dienste als Gebäckmesser in meiner Cambridger Bäckerei.

BARGOIN
INOX · STAINLESS
L'Enclume

FEUILLE DE BOUCHER

KLINGENLÄNGE: **270 MM**
GESAMTLÄNGE: **410 MM**
GEWICHT: **902 G**
HERSTELLER: **BARGOIN/FISCHER**
MATERIAL: **EDELSTAHL, ABS THERMOPLAST**
HERKUNFTSLAND: **FRANKREICH**
VERWENDUNG: **FÜR ALLE ZWECKE DER FLEISCHEREI, Z.B. AUFBRECHEN DER GESCHLACHTETEN TIERE, DURCHTRENNEN VON FLEISCH UND KLEINEN KNOCHEN, FEINES HACKEN VON FLEISCH**

DAS FEUILLE DE BOUCHER ist das klassische französische Fleischermesser. Auch wenn es anderen westlichen Hackbeilen in der Form ähnelt, ist es doch leichter, schärfer und wird etwas anders gehandhabt.

Ein Fleischer in England oder in den USA bearbeitet das hängende oder auf dem Hackklotz liegende Fleisch erst mit dem Scimitar, um die Knochen und Gelenke freizulegen, und wechselt zu einem schwereren Hack- oder Küchenbeil mit keilförmiger breiter Klinge, wenn es ans Zerhacken geht. Das Feuille de boucher vereint die Funktionen des großen Fleischermessers und leichten Küchenbeils in sich. Es bewältigt kleinere Gelenke, schneidet Steaks oder produziert Hackfleisch im Wiegeschnitt über die abgerundete Spitze.

Die Klinge eines Feuille de boucher verläuft mit einem spitzen Klingenerl durch den ganzen Griff wie bei einem chinesischen Chai Dao. Zur Verstärkung sitzen manchmal zwei Metallstücke über dem Griff rechts und links am Klingenrücken. Der nietenfreie runde Griff ist leichter sauberzuhalten als der eines britischen Hackbeils.

Das Feuille de boucher ist für ein Schaf noch gut zu gebrauchen, könnte aber (möglicherweise) von einem ganzen Rind überfordert sein. Dafür setzt ein moderner Schlachter seine Bandsäge ein. Früher wäre das eine Aufgabe für ein größeres Feuille de boucher gewesen mit einem längeren Griff, an dem man es mit beiden Händen wie eine Axt schwingen konnte.

FRANZÖSISCHE HACKBEILE

FEUILLE DE BOUCHER DOS DROIT

FEUILLE DE BOUCHER DOS CINTRÉ

BELGISCHES FEUILLE DE BOUCHER

SCHWEIZER FEUILLE DE BOUCHER

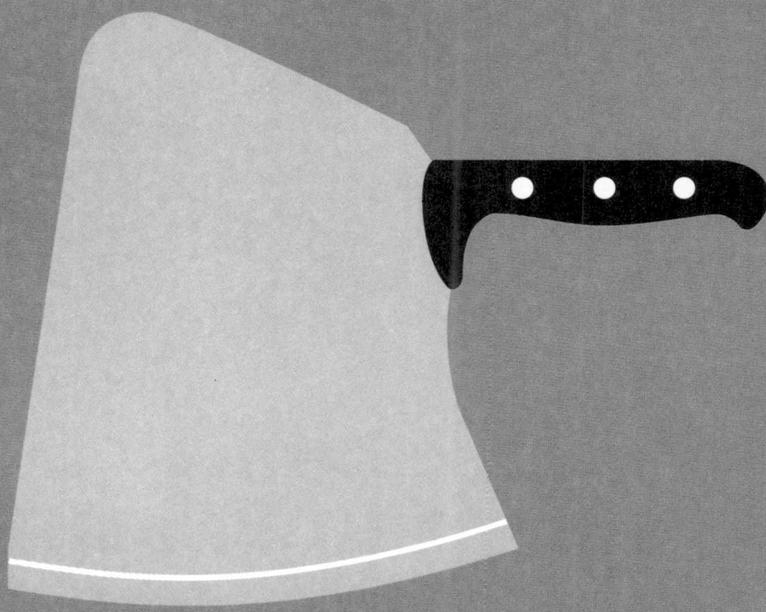

PARISER COUPERET DE BOUCHER

COUPERET DE CUISINE

AUSBEINMESSER

KLINGENLÄNGE: **142 MM**
GESAMTLÄNGE: **271 MM**
GEWICHT: **94 G**
HERSTELLER: **FORSCHNER/VICTORINOX**
MATERIAL: **EDELSTAHL, ROSENHOLZ**
HERKUNFTSLAND: **USA**
VERWENDUNG: **AUFBRECHEN GESCHLACHTETER TIERE IM HÄNGEN ODER AUF DER SCHLACHTBANK**

DAS AUSBEINMESSER EINES FLEISCHERS unterscheidet sich in seinen zahlreichen Variationen sehr von seinem Namensvetter in der Messertasche eines Kochs.

Da der Großmarktfleischer den ganzen Tag lang nur Fleisch schneidet, muss er seine Messer täglich nachschärfen. Seine Handhabung des Wetzstahls erinnert manchmal schon an einen nervösen Tic. Innerhalb weniger Tage verändert eine solche Klinge bereits ihre Form und überlebt insgesamt vermutlich nicht länger als sechs Monate.

Wo ein Koch sorgfältig kleine Fleischportionen heraustrennt und dabei sein Messer behutsam am Knochen entlangführt, hackt ein Fleischer meist große, schwere Stücke vom geschlachteten Tier, das entweder vor ihm hängt oder auf der Schlachtbank liegt. Ein guter Fleischer auf dem Großmarkt verändert bei der Arbeit ständig seine Grifftechnik von der üblichen Haltung zu einem umgekehrten Messerstich. So gleitet die dünne, starre Klinge seines Messers tief zwischen die Knochen, durchtrennt Sehnen und umfährt Gelenke. Ein Gelenk, das noch kurz zuvor eine Tonne lebendiges Rind aufrecht gehalten hat, ist ungeheuer stark. Es stellt eine höchst diffizile osteotaktische Herausforderung dar, die sich nicht mit demselben Messer lösen lässt, mit dem sonst eine zarte Rotzunge gehäutet wird. Dieses Fleischer-Ausbeinmesser muss so stark und starr sein, dass es zwischen massive Gelenkköpfe und -pfannen dringt, und seine Spitze muss so scharf bleiben, dass sie es mit den trossenähnlichen Sehnen aufnehmen kann, die zwei Teile zusammengehalten haben.

Ein gut geübter Fleischer benutzt sein Ausbeinmesser häufiger als jedes andere und erkundet damit jedes Gelenk mit solch chirurgischem Geschick, dass das massive Gewicht des Fleischs beim Auftrennen nur noch zu seinen Gunsten arbeitet.

FORMWANDEL

DIE FORM GEHÖRT BEIM KAUF EINES MESSERS zu den ausschlaggebenden Argumenten. Wir wählen die in etwa korrekte Form für die Funktion, die wir im Sinn haben, und probieren dann meist mehrere Alternativen aus, bis wir das Messer gefunden haben, das am besten in der Hand liegt. Das fühlt sich anfangs immer neu und anders an, aber wenn unsere Wahl nicht völlig daneben lag, dauert es nicht lange, bis sich unsere Schneideweise, unsere Grifftechnik und unser Muskelgedächtnis angepasst haben. Für viele bleibt es dann dabei, und die Anpassung ist ein einseitiger Prozess der Gewöhnung an das neue Messer. Wenn wir aber über lange Zeit sehr viel mit einem Messer arbeiten, lernen wir es anders kennen – dann muss sich das Messer *uns* anpassen.

Wer ein Messer von einem japanischen *hamanoya* kauft, lässt es gewöhnlich gleich passend zum persönlichen Schneidestil schleifen. Manche Köche möchten eine Klinge, die oben einseitig geschliffen ist, aber näher zum Griff hin in einen doppelseitigen Anschliff übergeht. Sie sind sich ihres persönlichen Stils bewusst und wissen genau, dass sie die feineren Arbeiten mit der Spitze und oberen Schneide des Messers erledigen, harte Stellen, Knochen und Gelenke aber immer mit dem unteren Klingenteil durchtrennen werden. Im Westen geschulte Köche lassen manchmal auch den Klingenrücken um die Spitze herum ein wenig schärfen, um damit noch präziser arbeiten zu können (siehe S. 46).

Wenn wir ein Messer jeden Tag benutzen und schärfen, dann verändert es automatisch seine Form – auf subtile, aber beständige Weise. Wenn sich ein Profifleischer zum zwanzigsten Mal am Tag ein geschlachtetes Rind vornimmt, dann setzt er dafür mit großer Schnelligkeit eine Klinge ein, die stellenweise weniger als einen Zentimeter dick ist. Als er mit diesem Messer anfing, war es noch ein Ausbeinmesser von voller Größe, jetzt aber hat es sich ihm und seiner Arbeit angepasst und zeigt entsprechenden Schwund. Er hat die Art und Weise, wie es sich anfühlt und bewegt, durch seine persönliche Grifftechnik leicht verändert. So bequem und gut wie er wird niemand sonst mehr mit diesem Messer arbeiten können. Und an dem Tag, an dem er es ersetzt, muss er mit dem neuen Messer wieder ganz von vorne anfangen.

HOHLBEITEL

KLINGENLÄNGE: **235 MM**
GESAMTLÄNGE: **345 MM**
GEWICHT: **346 G**
HERSTELLER: **MARTÍNEZ Y GASCÓN**
MATERIAL: **EDELSTAHL, THERMOPLAST**
HERKUNFTSLAND: **SPANIEN**
VERWENDUNG: **ENTFERNEN GROSSER KNOCHEN, OHNE DAS UMGEBENDE FLEISCH ZU DURCHSCHNEIDEN**

DER WUNDERBARE HOHLBEITEL, der auf der Abbildung links zu sehen ist, stammt aus Spanien, wo man ihn in Schinkenfabriken oder Metzgereien einsetzt. Man fährt damit an den Ober- und Unterschenkelknochen entlang, löst dabei das Fleisch vom Knochen und holt den ganzen Knochen heraus. Das Fleisch ist dann fertig zum Einsalzen und zur Schinkenfabrikation. Der Beitel ist ein großartiges Instrument. Er wurde mit einer kompliziert zusammengesetzten Wölbung maschinell gefertigt und sowohl an der gekrümmten Spitze als auch an beiden seitlichen Kanten geschärft.

Ein Hohlbeitel erleichtert auch die Arbeit an Lamm- und Wildkeulen. Sie sind danach leichter zu schneiden und haben bereits eine ausgehöhlte Öffnung, die sich kreativ füllen lässt. Bevor ich ein so gutes Werkstück entdeckt habe, bin ich lange Zeit auch mit dem 2,5 cm breiten Holzbeitel eines Drechslers, der rechts auf dem Bild zu sehen ist, gut klargekommen. Ich hatte ihn bei eBay für sechs Euro gekauft.

FILETIERMESSER MORA 9151P
&
AUFBRECHHAKEN 352P

KLINGENLÄNGE: **151 MM** (AUFBRECHHAKEN **66 MM**)
GESAMTLÄNGE: **290 MM** (AUFBRECHHAKEN **252 MM**)
GEWICHT: **99 G** (AUFBRECHHAKEN **128 G**)
HERSTELLER: **MORAKNIV**
MATERIAL: **KALTGEWALZTER, ROSTFREIER SPEZIALSTAHL AUS SCHWEDEN, GLASVERSTÄRKTES POLYPROPYLEN**
HERKUNFTSLAND: **SCHWEDEN**
VERWENDUNG: **FILETIEREN VON FISCH IN GROSSEN MENGEN**

DAS 9151P gehört zu einer Messerserie, die das schwedische Unternehmen Morakniv für das Fischereiwesen und die industrielle Fischverarbeitung herstellt. Die Klinge gibt ein wenig nach und bleibt scharf, vor allem aber hält sie unglaublich viel aus. Der Griff aus glasverstärktem Polypropylen ist an die Klinge gegossen, daher kann keinerlei Feuchtigkeit eindringen und Rost verursachen. Das raue Griffmaterial bietet auch mit Gummihandschuhen auf dem schwankenden Bootsdeck zwischen eiskaltem Meerwasser und Fischblut noch guten Halt. Dieses Messer eignet sich nicht für zarte Filetierarbeit in der Küche, sondern ist für harte, schnelle Schnitte an riesigen Fischleibern auf See bestimmt.

Der Aufbrechhaken hat eine kurze, scharfe Klinge, die durch einen gebogenen Hakenrücken geschützt ist. Damit lässt sich der Fischbauch mit einem einzigen Zug öffnen, ohne die Eingeweide zu beschädigen.

Obwohl beide Werkzeuge hervorragend gearbeitet sind, ist doch kein noch so geringes Anzeichen von Luxus darin zu finden, weder beim Material noch im Design. Für reine Arbeitsgeräte sind die Kosten einfach ein zu großer Faktor. Möglicherweise ist solch ein Messer oder Haken bei dem einen oder anderen Händler zwar auch einzeln zu finden, aber üblicherweise werden sie im Zehnerpack verkauft. Sie sind ihrer Aufgabe perfekt angepasst, und keine Minute ihrer Herstellungszeit wurde auf unnötige Dekoration verwendet. Das Resultat besitzt eine ganz eigene Art kühler und funktioneller Schönheit.

GENZO-JAGDSET MIT SCHLACHTMESSER

KLINGENLÄNGE: **130–160 MM**
GESAMTLÄNGE: **220–300 MM**
GEWICHT: **85–120 G**
HERSTELLER: **GENZO**
MATERIAL: **440ER-EDELSTAHL, HOHE SICHTIGKEIT, THERMOPLAST MIT SANTOPRENE-EINLAGEN**
HERKUNFTSLAND: **SCHWEDEN**
VERWENDUNG: **HÄUTEN, AUSNEHMEN UND ZERLEGEN VON WILD AUF FREIEM FELD**

ES GEHÖRT ZUR EIGENART der Jagd, dass ein Jäger draußen in der Natur mit einem frisch getöteten, großen Tier häufig alleine ist. Wenn er es dann nicht sofort angemessen bearbeiten kann, verdirbt das Fleisch schnell. Das tote Tier muss auf freiem Feld ausgeblutet, ausgenommen und manchmal auch gehäutet werden. Wenn der Jäger Unterstützung und ein ausreichend großes Fahrzeug hat, kann er es im Ganzen einpacken. Falls nicht, muss er die besten Stücke auslösen und die Reste den Aasfressern überlassen.

Die schwedische Firma Genzo stellt eine Messerserie für Jagd- und Outdoorzwecke her. Das hier abgebildete Set enthält die Kompaktversionen eines Fleischermessers und Profi-Ausbeinmessers, ein gekrümmtes Häutemesser und ein Aufbrechmesser mit konkav gekrümmter Klinge sowie einen Wetzstahl.

Um Bakterien- und Insektenbefall vorzubeugen, sollte das Tier idealerweise nicht auf dem Boden zerlegt werden. Daher liegt dem Set auch ein Halfter mit Gürtel bei, so kann der Jäger am hängenden Leib arbeiten.

Mit Ausnahme eines Seils vielleicht enthält das Genzo-Set also alles, was man braucht, um ein großes Wildtier auch 100 Kilometer von der nächsten Küche entfernt in handliche Stücke zu zerlegen.

KETTENHANDSCHUH

KLINGENLÄNGE: –
GESAMTLÄNGE: **252 MM**
GEWICHT: **212 G**
HERSTELLER: **JINHUA PREASY MACHINERY CO.**
MATERIAL: **EDELSTAHL, NYLON**
HERKUNFTSLAND: **CHINA**
VERWENDUNG: **SCHUTZ DER HAND BEI PROFESSIONELLEN SCHNEIDEARBEITEN UND DEM LÖSEN VON AUSTERN SOWIE MEHR GRIFFFESTIGKEIT BEIM ZERLEGEN**

OKAY, STRENG GENOMMEN ist das kein Messer, doch werden Schutzhandschuhe aus Kettenmaterial immer wichtiger für das Fleischerhandwerk.

Ursprünglich diente ein solcher Kettenhandschuh Schlachtern und Fischhändlern dazu, ihre Haltehand zu schützen. Wer einen ganzen Arbeitstag lang glitschige Tierleiber schneidet, tut ganz gut daran, die andere Hand gegen Messerausrutscher zu schützen, und diese mittelalterliche Technologie eignete sich hervorragend dafür.* Heutzutage gibt es exzellente schnittfeste Schutzhandschuhe aus Kevlarfasern, die mit weit weniger Eigengewicht denselben Schutz bieten.

Der Kettenhandschuh gewinnt allerdings wieder an Bedeutung bei Fleischern, die das Fleisch nach individuellen Muskelgruppen getrennt aus dem Tierkörper lösen und es danach in homogenere Stücke schneiden. Bei dieser Technik hält man die glatte Fleischoberfläche fest und zieht die Muskeln zunächst ohne Messer heraus. Dafür ist der Kettenhandschuh perfekt geeignet. Man kann ihn an beiden Händen tragen, er ist gut belüftet und kann nach einem schweren Arbeitstag sogar in der Spülmaschine gewaschen werden.

Kevlar- und Kettenhandschuhe sind günstig und auf jeden Fall eine sinnvolle Ergänzung zur Messertasche.

* Der Kettenhandschuh ist außerdem eine sehr weise Investition, wenn Sie Ihre Austern selbst öffnen wollen. Mit dem Handschuh halten Sie die Muschel sicherer, sie kann nicht wegrutschen. Damit vermeiden Sie überflüssigen Blutverlust, der sonst fast sicher eintreten würde.

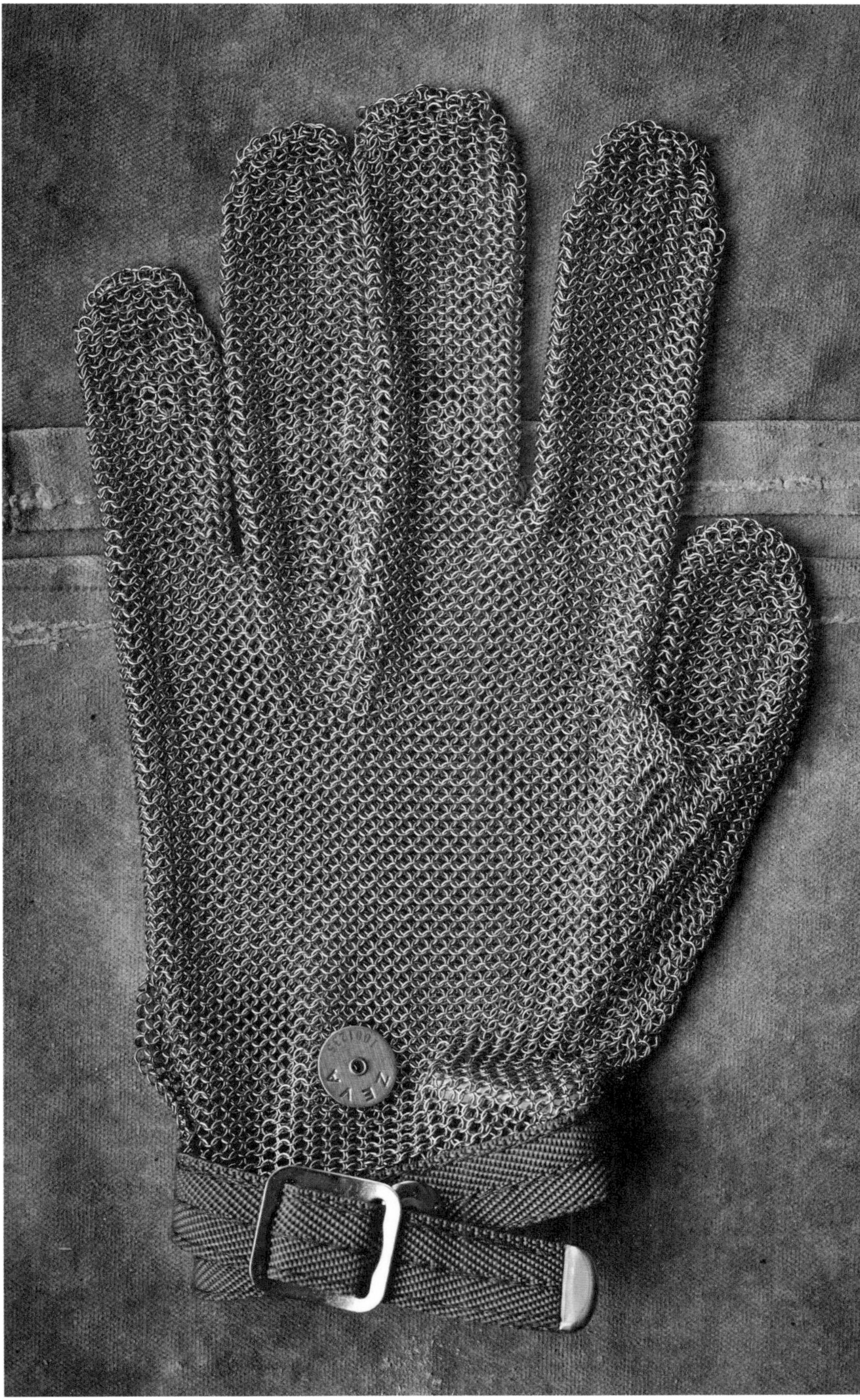

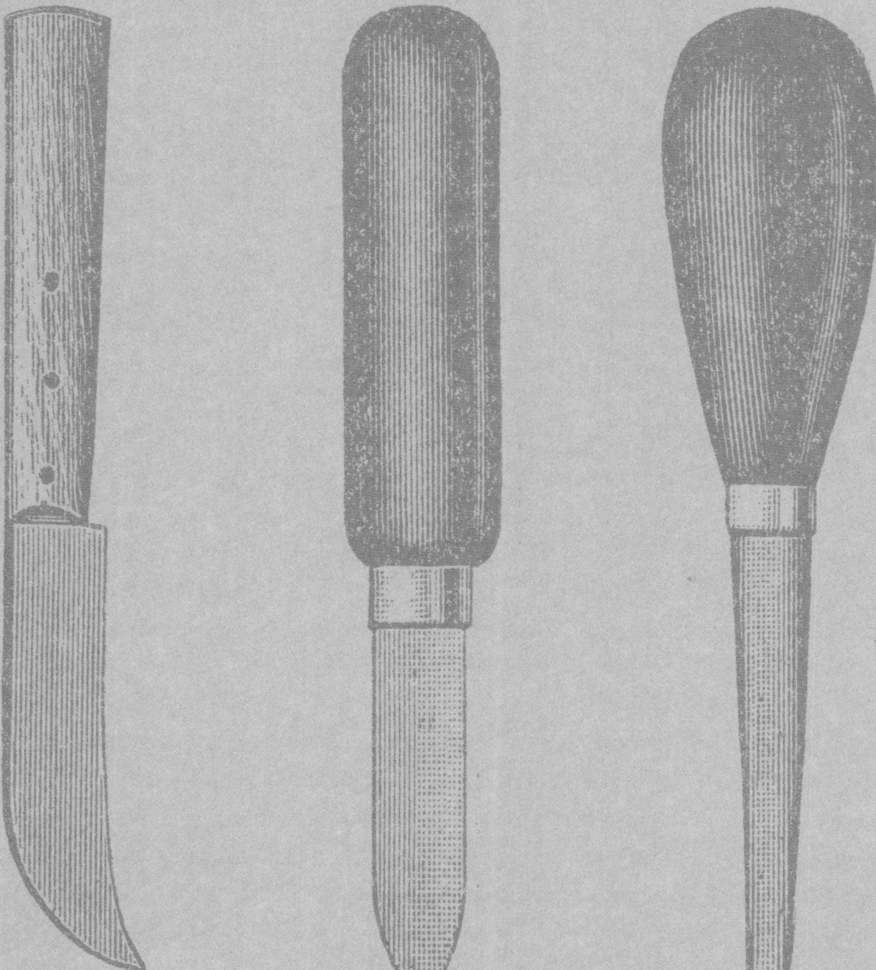

SPEZIALMESSER

AUSTERNMESSER

KLINGENLÄNGE: **63 MM**
GESAMTLÄNGE: **160 MM**
GEWICHT: **35 G**
HERSTELLER: **LE ROI DE LA COUPE**
MATERIAL: **EDELSTAHL, HOLZ, THERMOPLAST**
HERKUNFTSLAND: **FRANKREICH**
VERWENDUNG: **ÖFFNEN VON AUSTERN UND LÖSEN AUS DER SCHALE**

AUSTERN SIND DIE EINZIGE TIERART, die wir lebendig verspeisen. An Land können sie überleben, indem sie eine kleine Menge Meerwasser im Innern versiegeln. In ihren Schalen verbirgt sich eine köstliche Dosis Fett und Muskelfleisch, mit dessen Hilfe sie die Schalen wasserfest geschlossen halten – und das mit einer Hartnäckigkeit, die wir Jäger nur bewundern können.

Ganz ohne Zähne, Klauen, Gift oder Feueratem ist die Auster ein vollkommen friedliches Wesen. Dennoch sorgt sie jedes Jahr für mehr Krankenhausaufenthalte als die wildesten Raubtiere. Denn die Schalen zu öffnen und die Muskeln zu durchtrennen, um ans Innere zu gelangen, erfordert eine gefährliche Kombination aus scharfen Klingen und Hebelwirkung. Die meisten von uns, die es persönlich mit Austern aufgenommen haben, mussten schon etliche Handverletzungen einstecken.

Austernmesser können unterschiedlich geformt sein. Eine verbreitete Variante hat eine kurze, dicke, herzförmige Klinge und einen dicken runden Fingerschutz über dem Griff. Beides soll die Klinge daran hintern, die Schale komplett zu durchdringen und dabei entweder das Austernfleisch oder den Handballen zu verletzen. Kombiniert mit einem Schutzhandschuh ist so ein Messer ein gutes Werkzeug, dem es jedoch an Raffinesse mangelt. Die meisten Austernliebhaber mit Erfahrung bevorzugen ein dünneres, schärferes Messer, mit dem man nach einiger Übung leicht die Schwachstelle in der Austernschale trifft und das den Muskel problemlos durchtrennen kann. Natürlich klappt das auch, wie Generationen salzgegerbter Küstenbewohner bewiesen haben, mit einem einfachen Taschenmesser. Doch das sollte zumindest eine feststellbare Klinge haben.

Der hier abgebildete Austernmessertyp stammt aus Frankreich. Er ist von einfachem Design und günstig in der Herstellung. Denn selbst bei den erfahrensten Austernöffnern kann die Spitze leicht abbrechen, dann muss ein Ersatz bezahlbar sein.

TREMPE INOX
FRANCE

ROCKINGHAM
FORGE
ROCKINGHAM
FORGE

KÄSEMESSER

KLINGENLÄNGE: **VERSCHIEDEN**
GESAMTLÄNGE: **VERSCHIEDEN**
GEWICHT: **VERSCHIEDEN**
HERSTELLER: **ROCKINGHAM FORGE**
(PARMESANBRECHER: **FAMA**)
MATERIAL: **18/10 EDELSTAHL, MIT EPOXIDHARZ GEHÄRTETES HOLZ**
HERKUNFTSLAND: **ENGLAND, ITALIEN**
VERWENDUNG: **SCHNEIDEN UND SERVIEREN VON KÄSE**

MESSER, DIE BEIM ESSEN OFFEN auf dem Tisch liegen, haben bei uns eine Sonderstellung. Tranchiermesser bleiben auf der Anrichte, die scharfen Küchenmesser in der Küche und mit Ausnahme von Steakmessern (siehe S. 66) kommen nur die harmlosesten Formen neben den Teller.

Die Evolution des Käsemessers beginnt mit dem Hofarbeiter, der mit seinem Klappmesser ein Stück halbfesten Caerphilly vom Laib schneidet und es seinen Kollegen auf der Messerspitze anbietet. An feineren Speisetafeln musste es dann schicker zugehen. Aber selbst elegante Tafelmesser mit flotten kleinen eingebauten Gabeln sahen immer noch ein wenig nach Stichwaffe aus. So erklärt sich die höflich aufwärts gebogene Klinge. Niemand konnte an einem solchen Käsemesser mehr Anstoß nehmen, und so war sein Siegeszug auf den Esstischen der 1950er-Jahre im allgemeinen Haushaltsgerätewahn kaum aufzuhalten.

Als wir begannen, nach dem Hauptgang extravagantere Sorten zu bevorzugen, ergab sich ein neues Problem. Nichts wirkt unfeiner, als ein widerspenstiges Stück Brie mit den Fingern vom Messer lösen zu müssen. Um solche misslichen Situationen zu vermeiden, wurde das Weichkäsemesser mit der löchrigen Klinge entwickelt.

Mittlerweile bekommt man Käsemesser-Sets, zu denen auch ein kleines Käsebeil wie das hier abgebildete oder ein Käsespatel gehören. Die Klingenvielfalt dieser meist dekorativ in Kistchen verpackten Sets lässt sich allerdings immer schwieriger erklären.

Der Parmesanbrecher hingegen braucht keinerlei Rechtfertigung. Parmesan wird eher gebrochen als geschnitten, damit seine feine Salzstruktur besser sichtbar wird. Mit so einem winzigen Messerchen lässt sich das gewünschte Stück mit einem Stich von oben perfekt vom Laib brechen.

REPARATUREN & MODIFIKATIONEN

EINES MEINER LIEBLINGSFILMZITATE stammt aus dem Streifen *Jäger des verlorenen Schatzes*. Ein schwer mitgenommener Indiana Jones erklärt seiner Ex Marion Ravenwood seinen Zustand mit folgenden Worten: „Das sind nicht die Jahre, Schätzchen, das ist Materialverschleiß."

Wie viele ältere Kerle mit Verschleißerscheinungen finde ich die Idee toll, dass Abnutzung über die Jahre einen Charakter formt. Und wie Narben auf dem menschlichen Körper machen sichtbare Gebrauchsspuren auch ein Messer charismatischer. Die einfachste Art einer individuellen Umwandlung des Messers ist die Personalisierung. Viele Köche geben ihren Messern Namen, brennen ihre Initialen in den Griff ein, markieren sie mit Nagellack (siehe Henry Harris' Initialen auf dem Sabatier, S. 46) oder ritzen ihre Namen ein (siehe S. 73). Messerfachhandlungen und -schmieden bieten oft an, die Namen ihrer Kunden in die Klinge zu gravieren.

Wenn ein Messer beschädigt wird, lässt es sich oft so reparieren, dass nicht nur die Lebenszeit verlängert, sondern das Messer selbst auch faszinierender wird. Auf der Abbildung rechts sieht man einen Phenolharzgriff, der nach einem Heißwaschprogramm im Geschirrspüler eingerissen ist. Der Besitzer hat die Risse, sobald seine Wut verraucht war, mit der lufttrocknenden Modelliermasse FIMOair aufgefüllt.

Das Hankotsu aus Kohlenstoffstahl ganz rechts hatte seine Spitze bei einem Sturz auf den Steinfußboden eingebüßt. Nach etwa einer halben Stunde mit einem groben Schleifstein (siehe S. 202) war die abgebrochene Spitze neu geformt und frisch geschärft. So wurde das Messer einzigartig und blieb nützlich.

Einige Modifikationen dienen einer bequemeren Handhabung. Wer ein Messer ohne Kropf stundenlang benutzt, kann dort Blasen bekommen, wo der Zeigefinger auf der Klinge aufliegt. Das Chai Dao rechts wurde daher mit Schnur umwickelt.

Sugru heißt ein formbarer Klebstoff, der nach dem Trocknen sehr widerstandsfähig wird. Produktdesigner, Hacker und Bastler lieben ihn und stylen damit ihre Drohnen, Espressomaschinen oder Fahrradgangschaltungen. Es war nur eine Frage der Zeit, bis er auch für Messer eingesetzt wurde: hier links auf einem Klingenrücken.

Ein Messer zu reparieren oder zu verändern, ist ein wenig so, als würde man ein Haustier nach einer Verletzung gesund pflegen. Man ist heilfroh, es wiederzuhaben, auch wenn es ein bisschen schief oder krumm aussehen sollte, und irgendwie liebt man es dafür umso mehr.

OPINEL
SAVOIE · FRANCE
OPINEL
INOX

PILZMESSER

OPINEL (LINKS)
KLINGENLÄNGE: **70 MM**
GESAMTLÄNGE: **205 MM**
GEWICHT: **48 G**
HERSTELLER: **OPINEL**
MATERIAL: **SANDVIK-EDELSTAHL 12C27, EICHENHOLZ, WILDSCHWEINBORSTEN**
HERKUNFTSLAND: **FRANKREICH**
VERWENDUNG: **ERNTEN UND SÄUBERN VON PILZEN**

PUUKKO (RECHTS)
KLINGENLÄNGE: **56 MM**
GESAMTLÄNGE: **200 MM**
GEWICHT: **52 G**
HERSTELLER: **HANDARBEIT OHNE MARKENZEICHEN**
MATERIAL: **EDELSTAHL, KARELISCHE MASERBIRKE, HORN, MESSING, BORSTEN**
HERKUNFTSLAND: **FINNLAND**
VERWENDUNG: **SIEHE OBEN**

IM WESTEN EUROPAS trauen wir kaum noch einem Pilz, der nicht in kleinen Plastikschälchen verpackt ist. In Nord- und Osteuropa ist das Pilzesammeln hingegen noch immer ein beliebter Zeitvertreib.

Zwischen all den hier vorgestellten Hack- und Kochmessern nimmt sich das Pilzmesser sehr klein und zart aus. So sollte es auch sein, denn ein Pilz, den wir abschneiden, ist tatsächlich nur der Fruchtkörper eines wesentlich größeren Organismus, des sogenannten Myzels, das unter der Erde liegt. Es ist wichtig, einzelne Pilze mit dem geringstmöglichen Schaden vom Myzel zu trennen, damit es dort noch lange Jahre weitere Früchte trägt – zumindest theoretisch.

Ein Pilzmesser hat eine kurze, scharfe Klinge, die den Stiel tief im Boden sauber durchtrennen kann, und eine Bürste, die anhaftende Erde und Schmutz beseitigt, ohne die empfindlichen Lamellen zu beschädigen. Hier abgebildet ist das Opinel-Pilzmesser aus Frankreich (links) und ein hübsches kleines Modell, das sich aus dem traditionellen finnischen Puukko-Messer entwickelt hat (rechts).

TRÜFFELHOBEL

KLINGENLÄNGE: **58 MM**
GESAMTLÄNGE: **173 MM**
GEWICHT: **98 G**
HERSTELLER: **PADERNO**
MATERIAL: **EDELSTAHL**
HERKUNFTSLAND: **KANADA**
VERWENDUNG: **HOBELN VON TRÜFFEL, SCHOKOLADE, PARMESAN, KNOBLAUCH, BOTTARGA**

TRÜFFEL HABEN EINE FESTERE KONSISTENZ als andere Pilze, sind aber nachgiebiger als Wurzelgemüse. Da sie ein kräftiges Aroma haben, schneidet man sie in hauchdünne Scheibchen. Doch das Aroma verfliegt sehr rasch, sodass man den Pilz erst kurz vor dem Verzehr direkt am Tisch schneiden sollte. Dieser Trüffelhobel oder Trüffelschneider ist so elegant, dass er Gästen getrost bei Tisch gereicht werden kann. Die Scheibendicke lässt sich je nach Großzügigkeit (oder Appetit) einstellen, und die Klinge ist rasiermesserscharf.

Manche sagen, die gewellte Schneide, wie sie hier abgebildet ist, eigne sich besser für schwarze Trüffel, während eine gerade Klinge besser für weiße sei. Ich habe mit dieser Klinge beide Arten erfolgreich bearbeitet. Mit der geraden Klinge lassen sich auch Schokolade, Parmesan und Knoblauch bestens hobeln. Vorsicht aber beim Gebrauch: Der Hobel hat keinen Fingerschutz und könnte ebenso leicht dünne Scheibchen von der Fingerspitze abhobeln.

INOX
PADERNO

BROTMESSER

KLINGENLÄNGE: **210 MM**
GESAMTLÄNGE: **310 MM**
GEWICHT: **130 G**
HERSTELLER: **PRESTIGE (SKYLINE)**
MATERIAL: **EDELSTAHL, HOLZ, CHROMBESCHICHTETER STAHL**
HERKUNFTSLAND: **GROSSBRITANNIEN**
VERWENDUNG: **SCHNEIDEN VON BROT**

WIR BRITEN KÖNNEN DAS WELLENSCHLIFFMESSER zwar nicht ganz für uns beanspruchen, doch es gehört auch nicht zur klassischen französischen Messerausstattung. Es hat ebenfalls keinen Platz in der japanischen Küche, in der Weizen nur selten Verwendung findet und es keine Hefe- und Sauerteigbrote gibt. Großbritannien war das erste Land, in dem industriell gebacken wurde, und auch das erste, in dem große, wie Ziegelsteine geformte Brotlaibe ein spezielles Schneidegerät erforderlich machten. Ofenfrisches Brot ist schwer zu schneiden, aber nach ungefähr einem Tag bekommt man mit einem normalen Küchenmesser mit langer Klinge sauber geschnittene Scheiben, sofern die Rinde nicht besonders hart ist. Mit einem Wellenschliffmesser* kann man jedoch problemlos sogar von einem frisch gebackenen Brotlaib ein Stück abschneiden.

Auch wenn es oft kein besonders schönes Exemplar ist, gibt es doch in den meisten Küchen mindestens ein Brotmesser, selbst wenn dort sonst keine anständigen Messer zu finden sind. Dem Brotmesser fehlt die Eleganz von anderen Messern, dennoch verhilft ihm seine Funktionalität und Allgegenwärtigkeit zu seinem Recht.

Viele Köche berichten, dass Brotmesser die schlimmsten Küchenverletzungen verursachen. Denn bei normalem Gebrauch kann ein einfaches Messer ohne besonderen Kraftaufwand und mit wenigen Bewegungen geführt werden. Erst das heftige Sägen mit einem Wellenschliffmesser richtet die wahren Schäden an.** Besonders gefährlich ist der waagerechte Schnitt durch ein Brötchen, das man in der Hand hält. Diese Art der Schnittwunde ist in US-Küchen die fünfthäufigste Verletzung.

* Brotmesser mit einfachem Wellenschliff lassen sich noch schleifen, komplexere Sägeschneiden jedoch nicht mehr.

** Einige Messer haben die erstaunlichsten Schliffmuster an ihrer Schneide. Eine Variante wird als Messer für Gefriergut angepriesen, da sie, so heißt es, solide Blöcke tiefgekühlter Ware schneiden könnte. Das ist für mich eine ganz gruselige Vorstellung.

ELEKTROMESSER

KLINGENLÄNGE: **210 MM**
GESAMTLÄNGE: **498 MM**
GEWICHT: **767 G**
HERSTELLER: **SEARS ROEBUCK & CO.**
MATERIAL: **EDELSTAHL, KUNSTSTOFF**
HERKUNFTSLAND: **USA**
VERWENDUNG: **SCHNEIDEN VON GEGARTEM FLEISCH, GEFLÜGEL UND BACKWAREN**

ELEKTRISCH BETRIEBENE MESSER kamen zwischen den beiden Weltkriegen in Mode, zusammen mit einem ganzen Schwall weiterer neuartiger Küchengeräte, um die Arbeit zu erleichtern. Sie wurden häufig als Tranchiermesser angepriesen, doch ihre Technik kombiniert vor allem die Klinge eines Wellenschliffmessers mit dem Antrieb eines Heckenschneiders. Zwei dünne Klingen gleiten so schnell durch das Schneidgut, dass sie sich fast ohne eigenen Krafteinsatz durch so gut wie alles fressen – daher heißt ein Elektromesser auch Allesschneider.

Elektromesser gehören zu den Artikeln, die ähnlich wie das Fondueset und Fischmesser in den Wirtschaftsboom-Jahren der 1950er und 1960er gerne zur Hochzeit verschenkt wurden. Viele fristen ihr Dasein immer noch ganz hinten im Küchenschrank, oft noch in der Originalverpackung. Sie sind eine Erinnerung an die Zeit, in der das gesellschaftliche Ansehen durch Konsum einen höheren Stellenwert einzunehmen begann als der Nutzen der Güter. So merkwürdig das ist, aber unter all den schönen und teuren Messern in diesem Buch ist dieses eins, das mithin die größte kulturelle Bedeutung trägt. Das Urvertrauen in die neuere Technik als die bessere, der eingebaute Verschleiß, die ungebremste Konsummentalität der Wirtschaftswunderjahre, die Verlockungen der Werbung in den jungen Massenmedien – das letztlich nutzlose* Elektromesser ist Fetisch all dieser Impulse.

Dieses US-amerikanische Exemplar von Sears Roebuck hat eine Wandbefestigung – sehr beliebt in den neuen Einbauküchen mit ihren elektrischen Dosenöffnern und Küchentelefonen. Die auffällige Farbgestaltung des Messers kombiniert die Töne „Avocado“ und „Teaknachbildung“ zu einem typischen Ausdruck seiner Zeit.

* Elektromesser fanden schließlich doch noch ihre Bestimmung, als Bühnenbildner und Filmausstatter entdeckten, dass sie sich hervorragend für das neue Superprodukt Styropor eigneten.

Sears
TWO POSITION BLADE
PUSH TO OPEN
BLADE EDGE

DAS TRANCHIEREN

AN EINER MITTELALTERLICHEN TAFEL war eine große Portion Fleisch am Stück Ausdruck höchsten gesellschaftlichen Ranges. Den Braten aufzuschneiden und ihn in der richtigen Reihenfolge an die Gäste zu verteilen, setzte viel Übung und Geschick voraus. Zwar hatte jeder im Speisesaal zum Essen sein eigenes Messer am Gürtel. Doch das Hantieren mit einem säbelartigen Tranchiermesser in direkter Nähe des Ehrengasts barg definitiv ein größeres Sicherheitsrisiko. Daher betraute man nur die getreuesten und zuverlässigsten Bediensteten im Haus oder bei Hof mit dem Amt des Vorschneiders.

Im Jahr 1508 veröffentlichte der Drucker Wynkyn de Worde das *Boke of Keruynge*, das „Buch des Tranchierens". Diese frühe Ratgeberliteratur für junge Amtsanwärter bei Hof und in Adelshäusern behandelt die allgemeinen Aufgaben beim Organisieren eines Banketts. Besonderes Gewicht legt das Werk aber auf eine häufig zitierte Liste von Fachwörtern, die auf das Zerlegen verschiedener Tiere anzuwenden waren.

Diese Liste klingt zwar unterhaltsam, leider fehlen aber erklärende Einzelheiten. Zeitgenössische Stiche zeigen, dass man das Fleisch vermutlich direkt an dem Spieß reichte, an dem man es gebraten hatte, und es dann senkrecht aufschnitt. Die Vorstellung, dass Heinrich VIII. in all seiner pompösen Pracht sein Fleisch so serviert bekam wie wir heute einen Dönerteller, hat etwas Tröstliches.

Das Aufschneiden des Bratens bei Tisch hat in vielen Kulturen große gesellschaftliche Bedeutung. Thomas Edward Lawrence beschreibt in *Die sieben Säulen der Weisheit*, wie bei einem Festmahl in den Wüstenzelten des Howeitat-Stammes der Gastgeber seinen Gast ehrt, indem er ihm das Fleisch von einer großen Messingplatte, die mit Reis und Hammelbraten vollgehäuft war, schneidet:

„Während sich der Fleischberg verkleinerte (niemand machte sich etwas aus Reis; nur Fleisch war Luxus), zog ein Stammesführer der Howeitat seinen Dolch mit türkisbesetztem silbernem Heft, ein signiertes Meisterstück von Mohammed Ibn Zari aus Jauf, und schnitt lange Fleischrauten, die sich leicht mit den Fingern zerteilen ließen, im Zickzack von den großen Knochen; das Fleisch musste sehr zart gekocht sein, um es restlos mit der rechten Hand verzehren zu können, denn diese allein war ehrenwert."*

* T. E. Lawrence, *Die sieben Säulen der Weisheit*, Kapitel 16. Ohne Zweifel mein Lieblingsbeispiel für guten kulinarischen Journalismus.

Das in Großbritannien wohl bekannteste Tranchierritual, das auch heute noch praktiziert wird, ist das Burns Supper, bei dem man gewaltsam auf die ächzende, schwitzende Haggis-Masse einsticht, traditionell mit einem Sgian-Dhub-Dolch.

Großen Einfluss auf das nationale Selbstbild hatte Charles Dickens. Bei ihm war die Familienmahlzeit, die gesellige Runde an der gemeinsamen Tafel, ein Symbol für Wohlergehen und die allgemeine Richtigkeit der Welt. Der *pater familias*, der am Kopfende des voll besetzten Tisches den Wetzstahl gegen das Messer klingen lässt und sich buchstäblich daranmacht, den nährenden Lohn seiner Mühen gerecht unter allen zu verteilen, war gleichsam Dickens' Vision einer gesunden und glücklichen Gesellschaft. Das Bild wirkt noch stark genug in unserem kulturellen Erbe nach, dass wir uns schuldig fühlen, wenn sich jeder nur in Eile seine Fertigmahlzeit öffnet und kaum eine Familie noch Zeit findet, sich gemeinsam bei Tisch zu versammeln.

Eine bestimmte Art von Tranchierset findet man noch in Pfandleihen und Trödelläden. Meist liegt es in einer alten lederbezogenen Schachtel und enthält eine zweizinkige Fleischgabel, ein Tranchiermesser und einen Wetzstahl, an dem Papa die Klinge rituell schärfen konnte. Das Messer ist üblicherweise durch Papas Zuwendungen bereits zu einem unförmigen Fetzen Stahl geworden. Die Griffe bestehen aus Elfenbeinimitat oder Hirschhorn – ein vager Verweis auf die Ländereien, die wir nie besitzen werden. Ich kenne niemanden, der tatsächlich noch so ein Set in Gebrauch hat, aber sie liegen als vergessene Geschenke oder Erbstücke in zahllosen Schubladen.

Das so vernachlässigte Tranchiermesser ist ein trauriges Symbol für kulturellen Verlust. Dickens' Weihnachtsfestmahle entsprangen seinem Wunschdenken; höchstwahrscheinlich gab es sie in Wirklichkeit auch damals seltener, als wir glauben möchten. Dennoch bereuen wir, dass wir uns kaum noch zu gemeinsamen Familienmahlzeiten treffen, die in anderen Kulturen noch so lebendig sind. Viele Menschen wissen heute nicht, wie man tranchiert, und trauen es sich auch nicht zu – dabei ist es ganz einfach. Man nimmt den Braten aus dem Ofen, stellt ihn statt in der Küche auf dem Esstisch ab, gibt dann jemandem ein Messer und die Ehre des ersten Versuchs in die Hand.

The Handy
BOX
STAINLESS
TABLE
CUTLERY
DOES not stain with Food Acids, Vinegar, etc.
AFTER use, simply wash the Blades in HOT Water and dry on a soft cloth in the ordinary way A little washing soda, added to the hot water, will remove any apparent stain.
NO attempt must be made to clean in a Knife Machine or on a board-- either will ruin the surface and spoil the appearance of the knife.
SHARPEN occasionally on a Steel.
DO not put the Handles in the HOT Water.
Manufactured in
SHEFFIELD,
ENGLAND.

ZEHN TRANCHIERREGELN

1

VOR DEM TRANCHIEREN sollte man das Fleisch ruhen lassen. Es gibt hier etliche Richtlinien: ein Drittel der Garzeit, 10 Minuten pro 3 cm Dicke, 20 Minuten pro Kilogramm – am besten ist aber ein Fleischthermometer. Sobald die Temperatur im Fleisch auf 50 °C gesunken ist, sind die Muskelfasern komplett gelöst, und die Fleischsäfte bleiben, wo sie sind, anstatt sich über die Servierplatte zu ergießen. Nach ausreichender Ruhezeit lässt sich ein Braten auch gegen die Faser in gerade Scheiben schneiden, ohne zu zerfallen.

2

ÜBERPRÜFEN SIE, ob das längste Tranchiermesser im Haus scharf genug ist. Dann führen Sie damit langsam lange Schnitte aus. Wenn das Messer sehr scharf ist, steuern Sie die Klinge mit dem Finger auf dem Klingenrücken.

3

NATÜRLICH WÜRDEN WIR ALLE GERNE hauchdünne, regelmäßige Bratenscheiben zaubern können wie der Mann am Fleischbüfett. Aber der macht den ganzen Tag nichts anderes und hat es sicher ohnehin die meiste Zeit mit etwas zu stark gegartem Fleisch zu tun. Keine Sorge – es ist vollkommen in Ordnung, auch dicke, saftige Scheiben zu produzieren.

4

HALTEN SIE DAS FLEISCH MIT EINER TRANCHIERGABEL an Ort und Stelle und schneiden Sie entweder parallel zu den Zinken oder davon weg. Es ist sehr unangenehm, mit einer geschärften Klinge plötzlich auf die Gabel zu stoßen. Profiköche üben mit der Gabel auch Druck auf Geflügelschenkel aus. Dafür legen Sie das Geflügelbein zwischen die Zinken und drehen dann die Gabel. So ziehen Sie es vom Körper weg und können gut erkennen, wo Sie das Messer ansetzen müssen.

5

GEFLÜGEL zu tranchieren ist einfacher, wenn vor der Zubereitung das Gabelbein entfernt wird. So ist ein langer Schnitt durch den ganzen Vogel möglich.

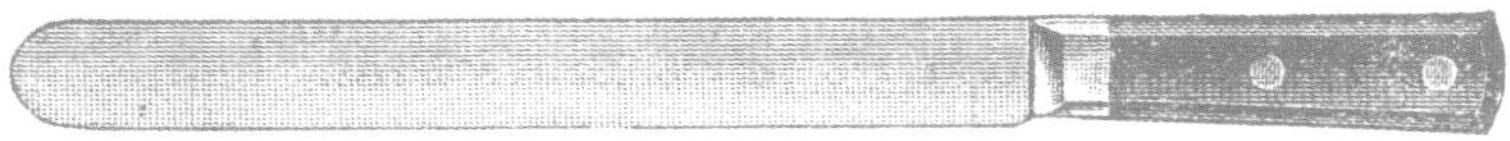

6

BEI HÄHNCHEN UND PUTEN lohnt es sich auch, die Hüftgelenke von innen durch die Bauchhöhle zu ertasten und die Sehnen vor dem Braten mit einem sehr scharfen Messer zu durchtrennen.

7

TRENNEN SIE SCHENKEL mit einfachen senkrechten Schnitten durchs Hüftgelenk ab. Schneiden Sie die Bruststücke als Ganzes heraus, lassen Sie dabei aber, wenn möglich, genug Fleisch unterhalb der Flügel. So wird aus einem Flügel eine volle Portion. Das Bruststück kann gegen die Faser in Scheiben geschnitten werden. Mit der Unterkante des Messers vorsichtig das „Knie“ durchschneiden. Die Unterkeulen ergeben je eine Portion. Das Schenkelfleisch lässt sich in langen Streifen vom Knochen trennen.

8

EINE LAMM- ODER WILDKEULE können Sie mit einer Hand am Knochen festhalten, umwickeln Sie dabei vorher den Knochen mit einem Küchentuch. Heben Sie den Knochen vom Schneidebrett oder der Servierplatte und schneiden Sie die Fleischscheiben mit langen Messerzügen parallel zum Knochen und vom Körper weg. Das macht ordentlich Eindruck.

9

BEI EINER HOHEN RIPPE VOM RIND lösen Sie zuerst das Fleisch von den Rippen, sodass Sie ein großes knochenfreies Stück haben. Dann schneiden Sie dieses quer zur Faser in Scheiben. Später trennen Sie die Rippen voneinander und bieten sie zum Abknabbern an.

10

VON RINDER-, LAMM- ODER SCHWEINEBRATEN schneiden Sie nur so viel ab, wie auch serviert wird. Auf diese Weise bleibt das restliche Fleisch heiß und lässt sich gegebenenfalls am Stück aufbewahren. Geflügelfleisch sollte baldmöglichst vom Knochen getrennt werden, da es einen unangenehmen Geschmack annimmt, wenn es an der Karkasse abkühlt.

WETTERLINGS
GENUINE HICKORY

AXT

SCHNEIDENLÄNGE: **65 MM**
GESAMTLÄNGE: **320 MM**
GEWICHT: **677 G**
HERSTELLER: **WETTERLINGS MANUFAKTUR AB**
MATERIAL: **KOHLENSTOFFSTAHL, HICKORYHOLZ**
HERKUNFTSLAND: **SCHWEDEN**
VERWENDUNG: **HACKEN VON HOLZ FÜR FEUERSTELLEN, SCHLACHTEN VON TIEREN UND LEICHTE FLEISCHERARBEITEN**

VIELE KÜCHENMESSER lassen sich ganz ähnlich wie eine Axt benutzen; daher wäre es vielleicht falsch, das Original nicht auch als Kücheninstrument zu betrachten. Amerikanische Fleischer bezeichnen ihre Hackbeile teilweise als „Fleischäxte", und ich habe schon einige skandinavische Grillprofis dabei beobachtet, wie sie mit denselben Äxten, die sie für die Feuerholzscheite verwenden, auch das Schaffleisch für den Grill zerteilen und servierfertig schneiden.

Hier abgebildet ist die kleine Wetterlings-Jagdaxt Nr. 115. Sie ist leicht und kann gut am Gürtel getragen werden. Der Hersteller verspricht: „Eine scharfe Jagdaxt verleiht dir die nötige Extrakraft zum Schlachten von Tieren. Sie ist auch im Kofferraum deines Wagens ein echter Gewinn für Notfallsituationen. Damit lässt sich ein Baum, der die Straße blockiert, ebenso erledigen wie ein verletztes Tier."

Ich habe meine Jagdaxt etwas stärker geschärft als fürs Holzhacken nötig. Gerne nehme ich sie zur Hand, wenn ich auf Partys große Fleischportionen über offenem Feuer grille.

PICKNICKMESSER

NATÜRLICH KANN MAN AUCH MIT EINFACHEN MESSERN, die man ohnehin in der Küche hat, picknicken, wenn man sie gut verpackt mitnimmt. Aber in das Design von speziell für Picknicke geeigneten Messerserien ist schon viel Erfindungsgeist geflossen, und auch einige unterschiedliche Messerarten aus ländlichen Traditionen sind zum beliebten Inhalt der Deckelkörbe geworden.

Ganz links auf der Abbildung ist ein US-amerikanisches „Bâtard"-Picknick-Klappmesser von Lamson and Goodnow zu sehen. Damit lassen sich Weißbrot und Baguette gut schneiden, die ich persönlich allerdings lieber breche. Die Klinge mit Wellenschliff portioniert außerdem gegartes Fleisch ohne Probleme.

Laguiole ist ebenso wie Sabatier kein eigentlicher Markenname, sondern bezeichnet eine Stilrichtung. In diesem Fall für Messer aus der französischen Stadt Thiers. Diese können von auffallend unterschiedlicher Qualität sein. Das zweite Messer von links ist ein älteres Laguiole, das sich besonders beim Grillen im Freien als praktisch erweist. Die extralange Klinge steckt normalerweise in einer von Hand gefertigten Spezialhülle. Ausgeklappt ergibt es ein ganz achtbares – wenn auch rostendes – Tranchiermesser.

Daneben liegt das hochwertige, traditionell geformte Laguiole, das ich für kulinarische Notfälle unterwegs im Handschuhfach aufbewahre. Das klobigere Klappmesser neben ihm folgt auch dem Laguiole-Stil und eignet sich gut für widerspenstigen Käse. Ganz rechts liegt ein spanisches Modell mit einem Olivenholzgriff. Es trägt keine Schmiedemarke, macht aber selbst mit der härtesten Chorizo kurzen Prozess.

Das Set aus Klappmesser und -gabel, das quer unten liegt, ist unanständig teuer und stammt von dem französischen Messerschmied Claude Dozorme. Es ist wunderschön, aber ich denke, wenn man unbedingt Messer und Gabel braucht, sollte man besser zu Hause essen.

LamsonSharp™
Shelburne Falls, MA USA
1421

INDISCHE RECYLINGMESSER

GESAMTLÄNGE: **VERSCHIEDEN**
HERSTELLER: **HANDARBEIT**
MATERIAL: **ABFALL, ZERBROCHENE SÄGEBLÄTTER, BLATTFEDERN UND RÖHREN VOM SCHROTT, HOLZ AUS VERSANDKISTEN UND LAGERPALETTEN**
HERKUNFTSLAND: **INDIEN**
VERWENDUNG: **FÜR ALLE ZWECKE**

DIESES BÜNDEL ALLZWECKMESSER kommt von einem Straßenmarkt in Jodhpur; sie wurden für 2000 Rupien von einer älteren Dame verkauft, die sie auch herstellte. Doch ebenso gut könnten sie von einem beliebigen anderen Markt auf der Welt kommen.

Überall, wo es Fabriken und Werkstätten gibt, fällt täglich etwas Messerstahl ab. Die Klingen links wurden aus zerbrochenen Eisensägeblättern und Blattfedern von Schrottautos gefertigt. Sie werden entweder an einem Schleifstein oder rudimentären Schleifrad geschärft. Die Klingen sind mit Nägeln oder Draht am Griff befestigt.

In Indien gibt es kein spezielles nationales Kochmesser. Es ist interessant, dass die Entwicklung der dortigen Messer ganz ähnlich wie die der französischen oder japanischen Messer ihren Ursprung in Handgriffen und Schneideaufgaben hat. Das spitze Messer ganz rechts kann offensichtlich lange Schnitte vollführen wie ein Yanagiba, und sein Holzgriff bietet der Hand genug Raum für einen zünftigen Hammergriff. Das zweite Messer von rechts ist ein Hackmesser in der Tradition eines Usuba oder Chai Dao. Die kleineren Messer mit den runden Griffen sind optimal, wenn man Gemüse in der Hand schneidet.

DAO BAO

KLINGENLÄNGE: **116 MM**
GESAMTLÄNGE: **225 MM**
GEWICHT: **47 G**
HERSTELLER: **HANDARBEIT**
MATERIAL: **SÄGEBLATT VOM SCHROTT, REGIONALES HOLZ, MESSING**
HERKUNFTSLAND: **THAILAND**
VERWENDUNG: **SCHÄLEN UND ZERKLEINERN VON HARTEN GEMÜSE- UND OBSTSORTEN AN STRASSENSTÄNDEN**

DAS DAO BAO ist ein Gemüseschälmesser aus Südostasien und ein gutes Beispiel für eine global vertretene Messerfamilie mit einer geschützten Klinge, die nicht beliebig tief in das Schneidgut eindringen kann. In gewissem Sinn ist das der Mechanismus eines Spiralschneiders oder Gemüsehobels, nur auf einen Griff montiert.

Dieses Gerät bringt auf einer harten Gemüseoberfläche angesetzt ein langes abgeschältes Band hervor – ein wenig wie eine einfache Form des japanischen Katsuramuki (siehe S. 98). Es ist ideal, um Wurzelgemüse, das wir als Salat genießen können, in feine mundgerechte Form zu bringen. Und natürlich geht das Schälen damit flott und genau. Das Dao Bao ist tatsächlich verwandt mit den altmodischen Sparschälern unserer Mütter. Und auch deren moderner Kunststoffvariante, die Profiköche so zeitsparend finden, kommt es nahe.

Die Form des Dao Bao hat sich auch unter dem Einfluss der Körperhaltung entwickelt, die seine Benutzer beim Schneiden einnehmen. Es ist sehr beliebt bei Straßenhändlern, die das Essen im Freien an ihren Ständen zubereiten. Dort schneiden sie das Gemüse oft in Hockposition direkt auf die Teller oder in den Topf.

Dieses Dao Bao hat noch eine zweite Klinge auf einer Seite, mit der auf dem Schneidebrett gleichmäßiger geschnitten werden kann.

OBST- UND GEMÜSEMESSER

DAS IN CHINA HERGESTELLTE Obst- und Gemüsemesser-Set, das rechts zu sehen ist, ist mit weniger als 50 Euro bei eBay vermutlich das günstigste Messerset, von dem wir gar nicht wussten, wie sehr wir es brauchen.

In China, Japan und Südostasien gehört die Kunst, Gemüse in elegante Formen zu schnitzen, unbedingt zur fein gedeckten Tafel. Die Köche verwenden jede erdenkliche Mühe und Kreativität darauf, Biomasse in unglaublich fein ziselierte kleine Kunstwerke zu verwandeln, die an die dekorativen Schaugerichte eines Marie-Antoine Carême erinnern.

Mit einem gewöhnlichen Gemüsemesser und einem Skalpell lassen sich schon schöne Kreationen zaubern, aber in dieser Box finden sich zusätzlich Dutzende von kleinen Meißeln, Beiteln und Schnitzmessern sowie etliche Ausstechformen, die für besondere Leckereien an chinesischen Festtagen genutzt werden.

Ich kann nur empfehlen: Legen Sie sich solch ein Set zu und probieren Sie es aus. Bei Kartoffeln und Karotten lassen sich misslungene Resultate jederzeit problemlos kochen und zu Brei stampfen. Natürlich könnte es gut geschehen, dass Sie 75 Prozent des Boxinhaltes nie verwenden werden (selbst wenn Sie herausfinden, wie sie funktionieren), aber für den Rest finden sich garantiert zahlreiche Möglichkeiten.

Ein gutes Beispiel ist der Melonenausstecher – das ist das Chromteil mit den beiden halbkugelförmigen Enden in der Mitte des Kastens. Auf den ersten Blick scheint es das albernste aller Kücheninstrumente zu sein, quasi der Inbegriff von zweckfreier Küchenausstattung für Memmen. Und dennoch finden sich in den Messertaschen klassisch ausgebildeter Köche sehr oft ein oder zwei Exemplare davon. Denn auch wenn diese Mini-Eislöffel mit ihren scharfen Kanten eigentlich für dekorative Obstbällchen gedacht sind, können sie sich doch in der modernen Profiküche auf allerlei andere Weise nützlich machen: die Kerne und den Glibber aus Tomaten entfernen, das Innere aus halbierten Salatgurken schaben, Melonen sauber entkernen, das Weiße von Zitronenschalen kratzen oder Kartoffelaugen (angeblich sogar Spanferkelaugen) ausstechen.

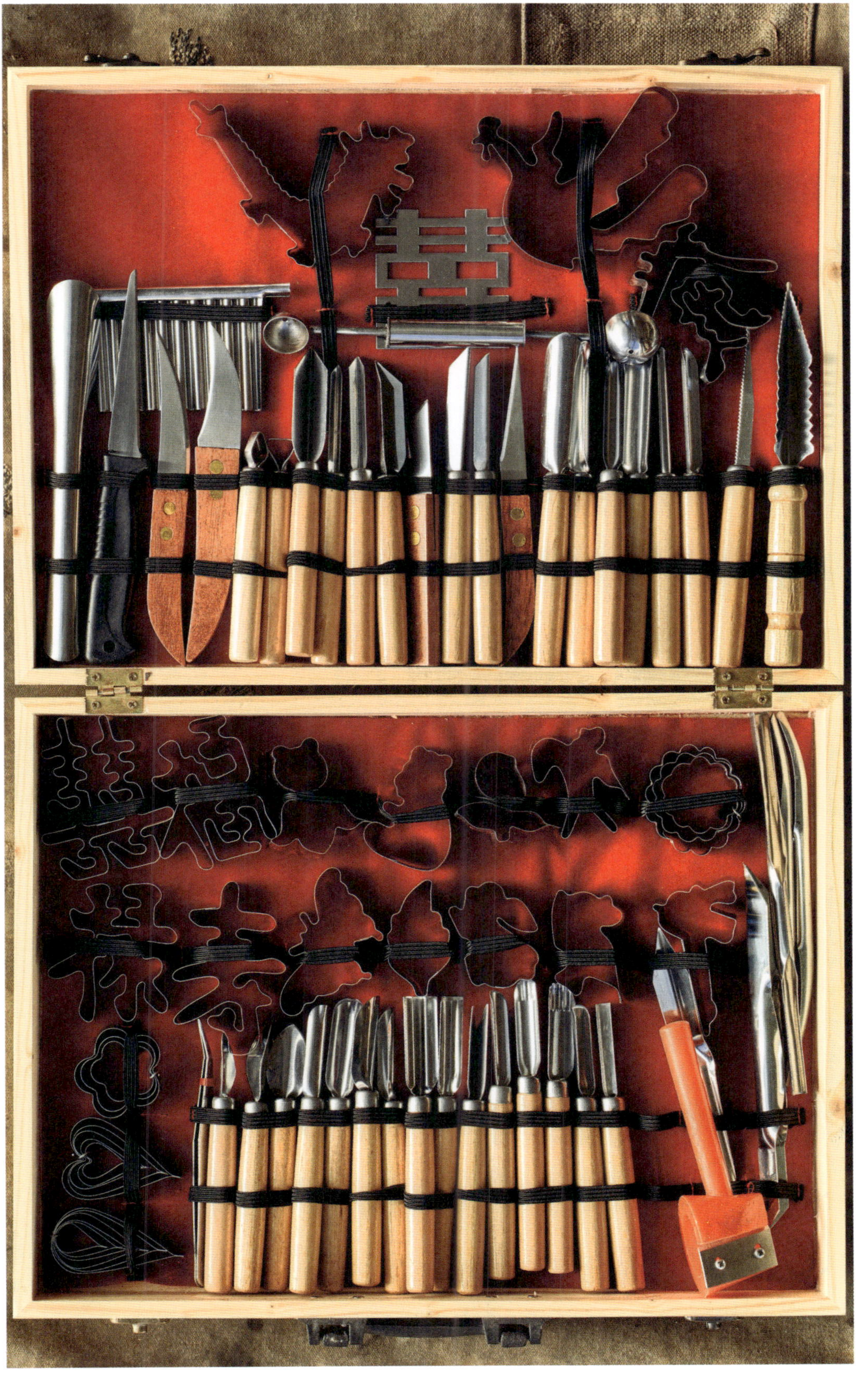
囍

JAMONERO/LACHSMESSER

KLINGENLÄNGE: **320 MM**
GESAMTLÄNGE: **435 MM**
GEWICHT: **141 G**
HERSTELLER: **GLOBAL**
MATERIAL: **CROMOVA-18-EDELSTAHL**
HERKUNFTSLAND: **JAPAN**
VERWENDUNG: **DEKORATIVES ANRICHTEN VON SCHINKEN UND LACHS**

DIESES MODERNE SCHNEIDEGERÄT wird von Global hergestellt, einer der ersten japanischen Firmen, die Messer in die westliche Welt exportierten. Jamón Ibérico am Knochen und schottischer geräucherter Wildlachs sind Speisen von hohem Prestige, die erst kurz vor dem Servieren sehr sorgfältig und sauber geschnitten werden. Dazu gehört immer eine gewisse Portion Speisetafeltheater, und das lange, dünne, schwertähnliche Messer eignet sich perfekt für diese Aufgabe.

Wie bei einem Sashimi-Messer ist die Klinge sehr lang. Ein einziger Schnitt genügt, um eine Scheibe abzuschneiden. So bleiben keine unerwünschten Sägespuren auf dem Fleisch und Fisch zurück.

Die Klinge ist so biegsam, dass sie beim Lachs am Ende des Schnittes flach entlang der Haut geführt werden kann. Da die Klinge immer parallel zu Haut und Knochen schneidet, berührt sie weder diese noch das Schneidebrett. So bleibt die Klinge, wenn sie sorgfältig verwendet wird, viel länger scharf als andere Messer, da sie nicht mit harten Widerständen zu kämpfen hat.

MANDOLINE

KLINGENLÄNGE: **100 MM**
GESAMTLÄNGE: **390 MM**
GEWICHT: **1600 G**
HERSTELLER: **BRON-COUCKE**
MATERIAL: **EDELSTAHL**
HERKUNFTSLAND: **FRANKREICH**
VERWENDUNG: **SCHNEIDEN VON GEMÜSE, OBST UND KÄSE IN FEINE SCHEIBEN ODER STREIFEN**

NUR WENIGE SCHNEIDEGERÄTE richten in der Küche so viele Verletzungen an wie eine Mandoline. Eigentlich sollte sie eine gute Lösung sein: eine fest installierte Messerklinge in einem schützenden Rahmen, über die man das Schneidgut nur noch führen muss. Die Klinge ist abgedeckt, die Schnittstärke verstellbar wie bei einem Holzhobel. Das sollte doch sicherer sein, als mit einem großen nackten Messer zu hantieren. Tatsächlich ist die Mandoline so anfällig für fehlerhaften Gebrauch, dass fast jeder, der je ein solches Gerät verwendet hat, sich schon einmal höchst schmerzhaft damit verletzt hat.

Wenn man mit Sorgfalt arbeitet und den passenden Handschutz verwendet, kann man mit einer Mandoline perfekt geformte, hauchdünne Scheiben produzieren, mit denen auch der fähigste Koch nicht mithalten kann, wenn er von Hand arbeitet. Die Mandoline hat als weitere Einsätze ein Wellenschnittmuster und eine Reihe von Klingen zu bieten, die Scheiben mit einem Zug in feinste Julienne-Streifen verwandeln.

Das traditionelle französische Modell* ist eine schwere, verchromte, wunderschön gefertigte Küchenskulptur. Leider ist sie unheimlich schwer zu reinigen.

* Meine eigene französische Mandoline bewahre ich in ihrer Originalverpackung mit den Blutflecken an der Schachtel auf. Das erinnert mich jedes Mal daran, den Handschutz anzulegen.

Bron
COUCKE
MADE IN FRANCE
ACIER INOXYDABLE
(chassis et couteaux)
STAINLESS STEEL
(frame and knieves)

JAPANISCHE MANDOLINE

KLINGENLÄNGE: **90 MM**
GESAMTLÄNGE: **310 MM**
GEWICHT: **259 G**
HERSTELLER: **BENRINER**
MATERIAL: **EDELSTAHL, KUNSTSTOFF**
HERKUNFTSLAND: **TAIWAN**
VERWENDUNG: **SCHNEIDEN VON GEMÜSE IN FEINE SCHEIBEN ODER STREIFEN**

KATSURAMUKI ist eine Schneidetechnik der japanischen Küche (siehe S. 98). Nur ist sie irre schwer zu erlernen, aber die hauchdünnen, ultralangen Gemüsebänder sind auch für die Hausmannskost ein Muss. Dafür ist eine Mandoline genau das Richtige. In Japan wird nicht die große schwere Chromversion, die die Franzosen lieben, verwendet, sondern eine leichte Kunststoffvariante, die die Arbeit ebenso gut und schnell erledigt und für kleines Geld zu haben ist. So ein Gerät ist derart effizient, dass auch westliche Küchenchefs sie statt der traditionellen Mandolinen einsetzen.

Weil eine Kunststoffmandoline leider die Finger ebenso problemlos schneiden kann, ist in Japan ein „Drehschneider" beliebt, in dem das Gemüse auf eine rotierende Achse gesteckt und dann über eine befestigte Klinge gekurbelt wird (siehe Abbildung unten). Das Original führt das Gemüse senkrecht nach unten. Es gibt aber auch Geräte, die das Schneidgut waagerecht und seitlich führen, was allerdings nur mit rollenförmigem Gemüse wie Rettich oder Gurke funktioniert.

Sharp
your fingers

WIEGEMESSER

KLINGENLÄNGE: **286 MM**
GESAMTLÄNGE: **286 MM**
GEWICHT: **260 G**
HERSTELLER: **A.L.O.**
MATERIAL: **EDELSTAHL, OLIVENHOLZ**
HERKUNFTSLAND: **UNBEKANNT**
VERWENDUNG: **FEINES HACKEN VON FLEISCH, KRÄUTERN UND NÜSSEN**

WIEGEMESSER haben eine oder mehrere halbrunde Klingen. Daher wird es im Italienischen auch Mezzaluna („Halbmond") genannt. Kleine Wiegemesser sind nützlich fürs Hacken von Nüssen, Kräutern und Knoblauch und haben eine, zwei oder manchmal auch drei parallele Klingen. Es gibt auch eine Version mit einem einzigen Griff, der über einer Klinge sitzt, die Hachinette. Dazu gehört eine speziell passende hölzerne Hackschale. Das fällt in die Kategorie „hübsch anzusehen, aber sinnlos", denn es bietet gegenüber einem gewöhnlichen Hackmesser keinerlei Vorteil, was seine Funktion angeht, ist dafür aber wahnsinnig aufwendig in der Reinigung und braucht viel Platz.

Größere Wiegemesser mit schwerer und scharfer Einzelklinge, die man auch Wiegen nennt, sind gut für das Hacken von Fleisch zu gebrauchen. In Frankreich heißen sie *hachoir*, und da sie senkrecht schneiden, anstatt wie ein Fleischwolf zu pressen, ist das Ergebnis ein gröberes Gehacktes mit ganzen saftigen Stückchen darin. Mit einem Hachoir kann man ein hervorragendes Tatar und weit saftigere Burger-Patties als mit jedem anderen Gerät produzieren.

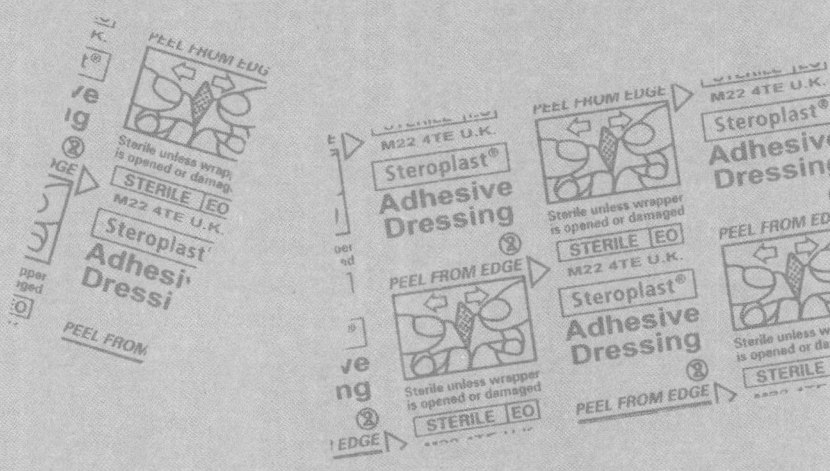
PEEL FROM EDGE
Sterile unless wrapper is opened or damaged
STERILE EO
M22 4TE U.K.
Steroplast®
Adhesive Dressing
PEEL FROM EDGE
Sterile unless wrapper is opened or damaged
STERILE EO
M22 4TE U.K.
Steroplast®
Adhesive Dressing
PEEL FROM EDGE

SCHÄRFE

SCHNITTWUNDEN

ALLE, DIE MESSER VERWENDEN, haben sich irgendwann schon einmal geschnitten. Das als „Unfall" zu bezeichnen, scheint töricht, denn wir wissen genau, dass es definitiv geschehen wird. Laien schneiden sich, weil sie nicht genug Übung haben, und Profis schneiden sich, weil sie das Messer häufiger und schneller benutzen. Es gibt Dummheiten, die wir vermeiden können: das Schneidgut falsch halten, ein herunterfallendes Messer auffangen, ein Messer zweckentfremden oder am falschen Ort liegen lassen. Vielleicht könnten wir sogar alle Schnittwunden vermeiden, wenn wir mehr vorgeschnittene Zutaten kaufen oder mehr Schneidemaschinen voller Schutzvorrichtungen und Warnhinweise einsetzen würden. Es gibt natürlich auch sehr nützliche Schutzhandschuhe. Nur würden die meisten Profiköche lieber den Tod der tausend Schnitte sterben, als sich auf diese Weise zu schützen. Es würde sie ja ihrer taktilen Beziehung zum Essen berauben. Also gehören Schnittverletzungen zu diesem Handwerk.

Wir sind „nur" Köche. Wenn wir uns schneiden, bluten auch wir. Wie jeder andere fühlen wir das erste fast ätzende Brennen der Klinge, die in die von Nervenenden durchzogene Haut eindringt. Doch danach geht es anders weiter: Wenn ein Koch über seine Schnittverletzungen spricht, geht es nie um erlittene Schmerzen, sondern um Blutmengen. Betrunkene Köche zeigen gerne Fotos auf ihrem Smartphone von ihrer neuesten verkrusteten Wunde unter blauem Pflaster.* Oder sie erzählen, dass sie gleich danach wieder an die Arbeit gegangen sind.

Der Machismo solcher Denkart ist fahrlässig dumm. In der Hitze des Gefechts verstecken Köche eine Wunde unter Klarsichtfolie oder Latexhandschuhen und machen einfach weiter – nicht selten geht dabei genau das Zeitfenster verloren, in dem ein tiefer Schnitt noch genäht werden könnte. Ungesunder Stoizismus angesichts einer Verletzung, die einen Laien zu Boden schicken würde, ist etwas, auf das Küchenchefs bis heute stolz sind.** Manche prahlen sogar damit, eine Schnittwunde auf der heißen Herdplatte nur eben „ausgebrannt"*** zu haben.

* Blaue Pflaster werden in der Gastronomie verwendet, damit man sie schneller entdeckt, falls sie ins Essen geraten. In Lebensmittelfabriken wird zusätzlich Metall in den Pflastern verwoben, damit sie von Metalldetektoren entdeckt werden („detektierbar").

** In *Erledigt in Paris und London* wundert sich George Orwell 1933 über die Besessenheit der Köche, sich körperlich so hart wie möglich zu geben, im Pariser Slang „débrouillard".

*** Ich hielt das immer für einen Mythos, bis ich persönlich Zeuge einer solch schrecklichen Szene wurde.

Außerhalb einer Großküche scheint dieses Verhalten absurd. Es widerspricht jedem menschlichen Instinkt, eine Verletzung absichtlich zu verschlimmern, anstatt sie zu lindern. Dennoch bauen viele von uns Köchen (auch die Hobbyköche) mit der Zeit eine Beziehung zu ihren Messern auf und ändern ihre Einstellung.

Ein sehr wichtiger Schritt beim Schärfen des Messers ist das Testen der Klingenschärfe. Anfangs schneiden wir zur Probe vielleicht noch Zeitungspapier mit der fraglichen Klinge. Aber bald gehen wir dazu über, es wie die Profis zu machen und die Schneide mit drei Fingerkuppen zu befühlen, während der Daumen gegen den Klingenrücken drückt. Das ist erst einmal Furcht einflößend. Alles in uns drängt vernünftigerweise darauf, unseren Körper aus der Gefahrenzone zu bringen. Doch die Verlockung des Machtgefühls ist größer. Wenn die Schneide auf die äußersten Hornschichten der Haut trifft, die winzigen Unregelmäßigkeiten unseres Fingerabdrucks abtastet – ganz kurz davor einzudringen –, dann ist das der buchstäbliche Tanz am Abgrund.

Ich wette, wer auch immer das gerade liest, hat eben die Narben auf den eigenen Händen begutachtet. Dünne, verblassende weiße Linien, ein kleiner Knoten, wo ein entglittenes Messer im Nagel gelandet ist. Ich selbst schaue mir gerade die Stelle an meiner linken Hand an, an der ich mir einmal einen gewaltigen Schnitt zugefügt habe, komplett mit Notaufnahme. Verwundert stelle ich fest, dass sie spurlos verheilt ist. Ich bin enttäuscht – all das Blut, und jetzt ist nichts geblieben.

Ein Messer zu besitzen, zu lieben und richtig zu handhaben, bedeutet, es endgültig furchtlos zu meistern. Und dennoch behält es eine potenzielle Macht. Die Narbe wird zu dem feinen weißen Grat, auf dem wir beständig wandern. Trotz all seiner treuen Dienste ist das Messer stets fähig, sich gegen uns zu wenden. In anderen Lebensbereichen korrigieren oder verwerfen wir die Dinge, die uns verletzen. Unser Messer aber hat einen eigenen Status, etwa so wie ein Vollblutpferd. Es darf manchmal ausschlagen – damit zeigt es nur seinen Charakter.

MESSER SCHÄRFEN

DAMIT EINE MESSERKLINGE MESSERSCHARF WIRD, durchläuft es einen zweiphasigen Prozess des Abtragens und Ausrichtens – das Anschleifen und das Abziehen.

Wer einer Klingenkante eine scharfe Schneide beibringen will, muss von jeder Seite ein wenig Metall entfernen. Es muss ein Keil entstehen. Dafür eignen sich alle möglichen Schleifmaterialien wie Karborund, diamantbeschichtete Schleifräder und -steine oder die feineren Wasserschleifsteine. Entscheidend ist, dass das Material härter als der Klingenstahl ist und seine Oberfläche rau genug.

Wasserschleifsteine können aus natürlichem Felsgestein in flacher Tafelform bestehen oder aus einem Keramikersatz. Ihr wichtigstes Merkmal ist, dass sie eine flache Ebene bieten, beim Schleifen zur Kühlung in Wasser getaucht werden können und in unterschiedlicher Körnung erhältlich sind.

Mit dem Schleifmittel werden beide Seiten der Schneide geschärft und so zwei Flächen erzeugt, die in einem spitzen Winkel aufeinandertreffen. Je dünner die Schneide wird, desto schwächer wird sie auch, und an dem Punkt, an dem die richtige Schärfe erreicht ist, verbiegen die kinetischen Kräfte die geschliffene Klinge automatisch zu einer Seite hin. Das führt zu einem sogenannten Grat, einer Kante, die von einer Seite mit dem Finger zu fühlen ist. Genau an diesem Punkt wird der Schleifprozess gestoppt. Jetzt ist genug Metall entfernt worden, und weiteres Anschleifen drückt den Grat nur in die entgegengesetzte Richtung, was die Schneide weiter schwächen würde. Dieser Grat bricht dann ab und lässt eine Schneide zurück, die sich abziehen lässt. Aber eigentlich ist dann nur mehr Metall verloren gegangen als nötig.

Nun wird die Schneide abgezogen. Man reibt sie von beiden Seiten gegen eine Oberfläche, die sanften Druck ausübt, bis sie exakt in einer Linie mit der Klinge ausgerichtet ist. In der Gastronomie zieht man Klingen üblicherweise mit einem einfachen Metallstab mit Griff ab, während Friseure und Chirurgen ihre gefährlich scharfen kleinen Klingen an Streichriemen aus Leder abziehen. Ich kenne einen Fleischer, der sein Messer an der Metallkante seines Hackklotzes schärft, und einen Messersammler, der dafür die *Vogue* verwendet. Hochglanzmagazine sind mit einem dem Gips verwandten Stoff bestrichen und können eingerollt zu einem exzellenten Finish an der Klinge führen, denn Tinte ist überraschend gut geeignet für einen Ultra-Feinschliff mit Politur.*

* Das ist auch der Grund, warum wir nach langer Überlegung dieses Buch auf ungestrichenem Standardpapier haben drucken lassen. Wir wollten einem Missbrauch vorbeugen.

DIE SCHNEIDE FORMEN

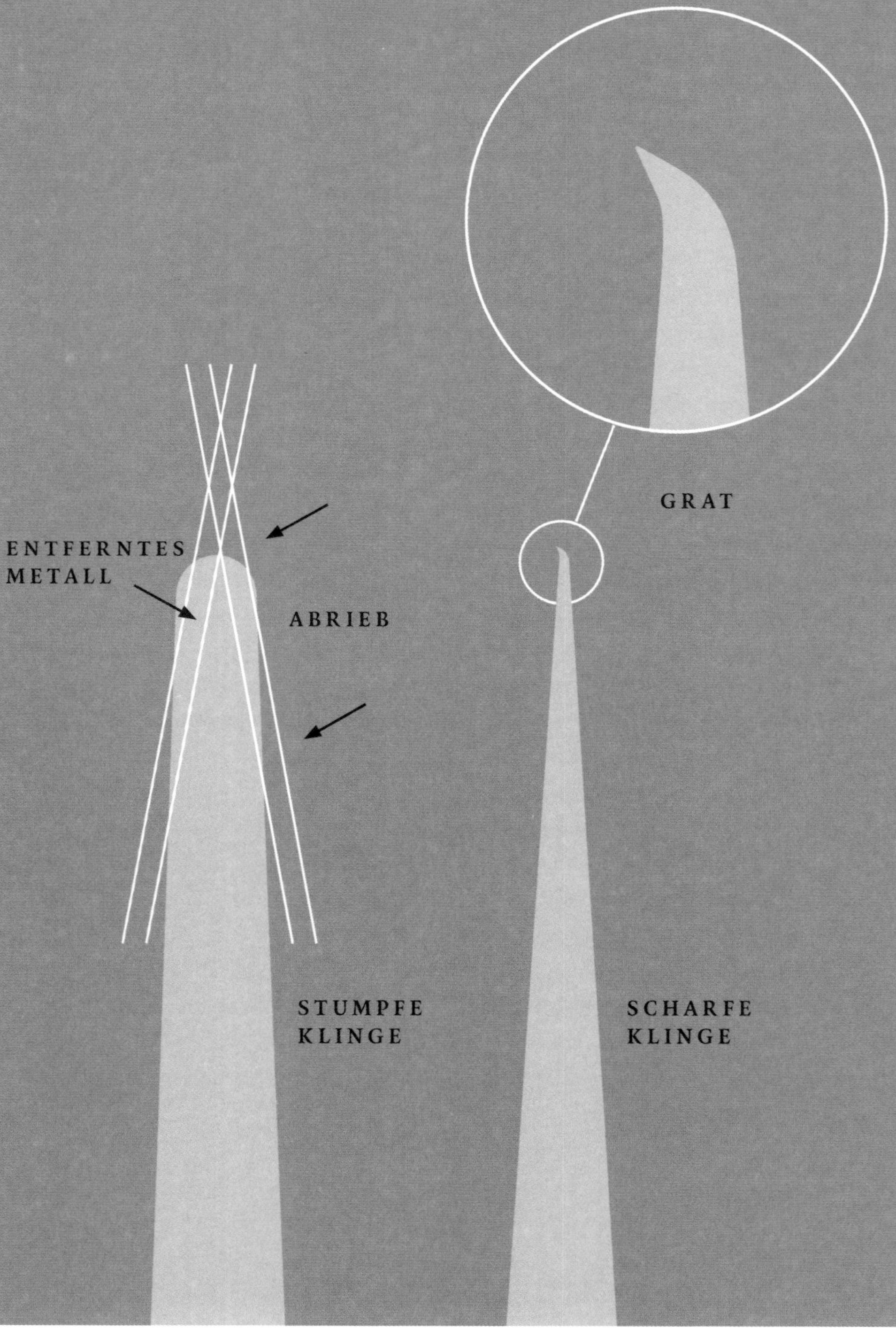

Es ist wichtig, den Unterschied zwischen „Schleifen“ und „Abziehen“ zu beachten, da unterschiedliche Schärfsysteme bis zu einem gewissen Grad beides können. Grobe Wasserschleifsteine reißen beispielsweise in wahnsinnigem Tempo das Metall von einer Messerschneide. Aber mit dem feinsten Schleifgrad tragen sie nur noch so wenig ab, dass sie sie eher polieren und ausrichten als schleifen. Ein typischer Wetzstahl kann überhaupt kein Metall abtragen und ist ausschließlich dazu da, die Schneide neu auszurichten. Ein moderner Messerschleifer mit Industrie-Diamantstaub hingegen kann ein Messer so schnell schwinden lassen wie ein großer Schleifstein. Und sogar Streichriemen gibt es als einfaches Leder ohne jeden Abrieb oder aber mit einem sehr fein abtragenden Stoff bestrichen.

Eine Klinge von Hand gut zu schärfen ist viel einfacher, als die meisten glauben. Es ist eine benutzerfreundliche Aufgabe, die mit größter Wahrscheinlichkeit zu einer schärferen Messerschneide führt, egal, wie wir uns anstellen. Wichtig ist jedoch, die Klinge in einem halbwegs gleichbleibenden Winkel auf die Arbeitsfläche zu drücken. Das macht viele nervös. Markengeräte nehmen uns diese Sorge, indem sie das Schleifmaterial selbst im korrekten Winkel befestigen und die Klinge sicher hindurchführen. Die teuren Exemplare haben zwei elektrisch betriebene Schleifrädchen oder zwei zum „V“ angeordnete Mini-Wetzstahlstäbe und eine Führungsvorrichtung für die Messer.

Für Messernarren aus anderen weniger friedliebenden Betätigungsfeldern gibt es superteure Spannvorrichtungen, in denen das Messer eingespannt wird. Ein langer Schwenkarm führt dann eine Reihe exquisiter kleiner Wasserschleifsteine an der Klinge entlang. Solche Geräte können sicherlich die visuell perfekt geschärften Klingen produzieren, die ein Sammler schätzt. Aber nur um ein paar Zwiebeln schneller würfeln zu können, scheinen sie mir doch übertrieben.

Ein Messerschärfer ist keine schlechte Sache, wenn man dafür eine ordentliche Summe hinlegen will. Ich empfehle Freunden, die weder Zeit noch Lust zum Schärfen von Hand haben, gerne die japanischen Modelle. Sie garantieren ein fantastisches Ergebnis bei wenig Mühe und machen das Kochen zu einem weit schöneren Erlebnis. Sie tragen allerdings viel Metall ab und knabbern die Messer im Nu weg.

Aber für mich gilt – und vielleicht verrate ich da schon etwas zu viel: Allein in der Küche, wenn alle anderen längst im Bett sind, bei einem schönen Song im Radio mit meiner Messertasche und den Schleifsteinen, das ist eine kontemplative, fast meditative Zeit der Ruhe. Jedes Messer einzeln herauszunehmen, seine jüngste Leistung zu würdigen, es sanft zu korrigieren, gut zu pflegen und auf den nächsten Arbeitstag vorzubereiten, all das ist einfach wunderschön. Und diese Zeit und Mühe machen Messer auch zu einem so besonderen Werkzeug. Schraubenschlüssel und Knarren sind nur totes Material. Eine Tasche voller Kochmesser aber spiegelt die eigene Mühe und Sorgfalt wider. Und darum geht es letzten Endes beim Schärfen.

SCHLEIFSTEINE

Schon die frühesten Messer aus Metall wurden an Schleifsteinen geschärft. Und noch immer könnten wir unsere Klinge an einem glatten Kieselstein abziehen. Effektivere Naturschleifsteine haben harte Teilchen – die sogenannte Körnung – auf einer weicheren Oberfläche. Die Körnung sorgt für den Abrieb am Metall, gleichzeitig wird aber auch der Stein abgetragen, dessen Oberfläche sich so immer wieder erneuert.

Naturschleifsteine werden in vielen Teilen der Welt abgebaut und sind sehr dekorativ. Logischerweise ist ihre Körnung allerdings eher von schwankender Qualität. Maschinell angefertigte Steine mit sorgfältig abgestimmtem Körnungsgrad auf einer Harz- oder Keramikgrundlage sind daher verbreiteter.

Japanische Messer werden an drei Schleifsteinen geschärft: *arato*, *nakato* und *shiageto* für grobe, mittlere und feine (Politur-)Körnung. Eine vierte Sorte, der *nagura*, dient lediglich dazu, auf der Oberfläche von mittleren und fein gekörnten Schleifsteinen eine Schleifpaste zu erzeugen. Solche Schmierstoffe sind für die meisten Schleifsteine nötig. Mit Karborundsteinen und Öl erzielt man gute Schärfergebnisse. Japanische Schleifsteine arbeiten hingegen mit Wasser, werden darin vor Gebrauch eingeweicht und während des Schleifens damit besprenkelt, daher heißen sie auch Wassersteine.

KÖRNUNG

120–500	sehr grobkörnig, nur zum Schleifen von Rohklingen oder für grundlegende Formveränderungen
500–2000	grobe Körnung für den Erstschliff und zum Entfernen von Splittern und Unebenheiten
2000–6000	mittlere Körnung gegen Kratzer und für den Feinschliff
6000–10 000	feine Körnung zum Abziehen und Polieren

Schleifsteine sind in verschiedenen Formen und Größen erhältlich. Manche kombinieren Blöcke verschiedener Körnung miteinander. Gute Marken sind King (Ice Bear, Sun Tiger), CERAX, Shapton und Naniwa.

Das Messerschärfen mit Öl oder Wasser kann viel Dreck und Schmutz verursachen. Manche legen daher den Schleifstein auf ein gefaltetes Tuch. Bequemer und sauberer ist ein Schleifsteinhalter, der den Stein über einer Ablage mit Flüssigkeit hält.

Schleifsteine sollten sauber und trocken gelagert werden, entweder in ihrer Originalverpackung oder in Holz- oder Kunststoffbehältern.

MADE IN JAPAN
刃の黒幕
SHAPTON®
CERAMIC
WHETSTONE
K0710
MELON-SUPER
MADE IN JAPAN
KING

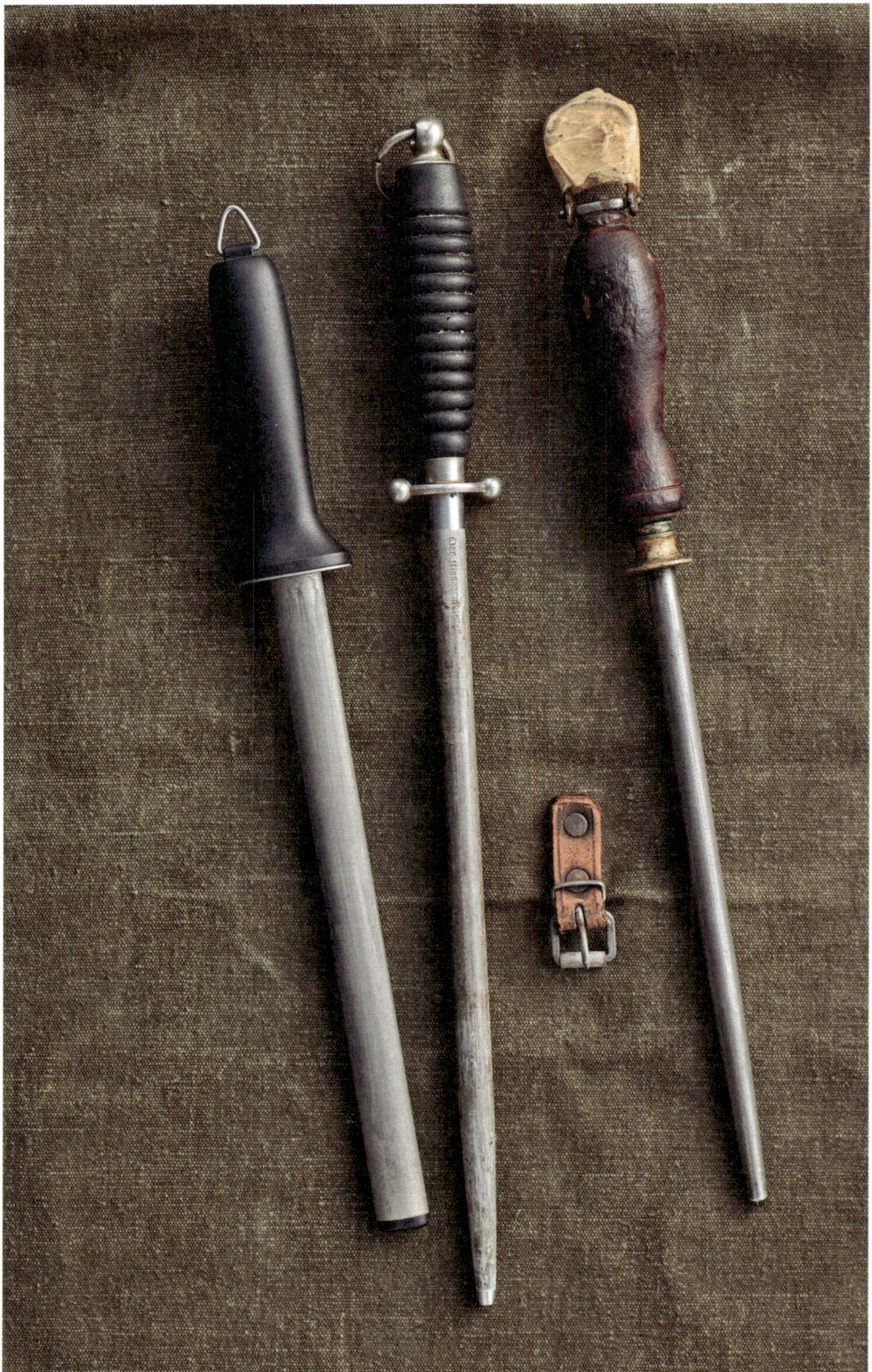

WETZSTAHL

Fernsehproduzenten lieben es, ihre Promiköche beschwörend in die Kamera blicken zu lassen, während sie ein gigantisches Messer nonchalant am Wetzstahl schärfen. Das ist ein Bild von einigem Schauwert, und Therapeuten könnten dieses Verhalten sicher lang und breit analysieren. Aber ich bin sicher, keiner dieser Köche würde das mit seinem Lieblingsmesser tun. Regelmäßiges Abziehen am Stahl ist wichtig, um eine Messerklinge nach einem langen Arbeitstag neu auszurichten. Aber es ist eine Aufgabe, die Konzentration und Sorgfalt erfordert und nicht nebenbei gemacht werden sollte. Eine Klinge gegen den härteren Wetzstahl zu knallen, nur weil es männlich aussieht, wird ihr früher oder später irreparablen Schaden zufügen.

Jede Stange aus hartem Stahl kann dazu dienen, die Klinge abzuziehen – in manchen Fleischereien müssen die stählernen Eckklammern an den Hackklötzen dafür herhalten. Aber der althergebrachte Wetzstab am Griff ist bequem und kann am Gürtel getragen werden, was vor allem für jene praktisch ist, die täglich große Mengen Fleisch oder Fisch schneiden.

Obwohl eine glatte Oberfläche am Wetzstahl völlig ausreicht, haben viele Exemplare zusätzliche Längsrippen. Je nachdem wie hart der Messerstahl ist, kann das tatsächlich zu etwas Materialabrieb führen.

Sehr beliebt ist heute der Wetzstahl mit Diamantbeschichtung. Der ist oft mit einem flacheren, ovalen Profil ausgestattet und hat einen gewaltigen Abrieb. Diese Dinger könnten vermutlich einer Bahnschiene mit ein paar kräftigen Strichen zu einer funktionalen Schneide verhelfen. Die Beschichtung trägt einfach enorm viel Metall ab. Das kann zwar in einer großen Fabrikation, in der viele Ungelernte billige Messer scharf halten müssen, von großem Vorteil sein. Dennoch: Wenn es um ein Messer geht, das Ihnen nicht egal ist, dann wäre es mir fast lieber, Sie legten es in den Geschirrspüler, als dass Sie es einer Diamantbeschichtung aussetzen würden.

STREICHRIEMEN

Der Streichriemen oder auch Abziehriemen ist meistens ein Lederriemen, der an einem Ende an der Wand oder einem festen Untergrund fixiert wird. Das andere Ende spannt man straff mit der Hand. Dann reibt man die Klinge so daran, dass die harte Lederoberfläche der Schneide sanft die perfekte Ausrichtung verleiht. In alten Filmen schärfen so Friseure ihre Rasiermesser. Für deren kurze, gerade Klingen ist so ein Hängeriemen auch genau das Richtige – mit einem gewichtigen langen Kochmesser kann es sich aber etwas schwieriger gestalten. Dafür eignen sich die sogenannten Stoßriemen besser, flache Holzblöcke, die mit einem größeren Stück Abziehleder bezogen sind und oft auch einen Griff haben, an dem man sie gut fassen kann.

Eigentlich besteht ein neuer Streichriemen nur aus Leder, aber viele bestreichen ihn zusätzlich von einer Seite mit Polierpaste. Das ist ein sehr feines Schleifmittel auf Wachsbasis. Streichriemenpasten gibt es mit verschieden starkem Abrieb. Die feinsten Ergebnisse lassen sich mit der online erhältlichen Paste „Jeweller's Rouge" erreichen – oder ganz einfach mit billiger Zahnpasta, der Geheimwaffe vieler Messerschmiede.

Ich persönlich finde allerdings, eine Klinge sollte immer so scharf geschliffen und poliert sein, dass im letzten Stadium beim Abziehen nicht noch weiterer Abrieb stattfinden muss.

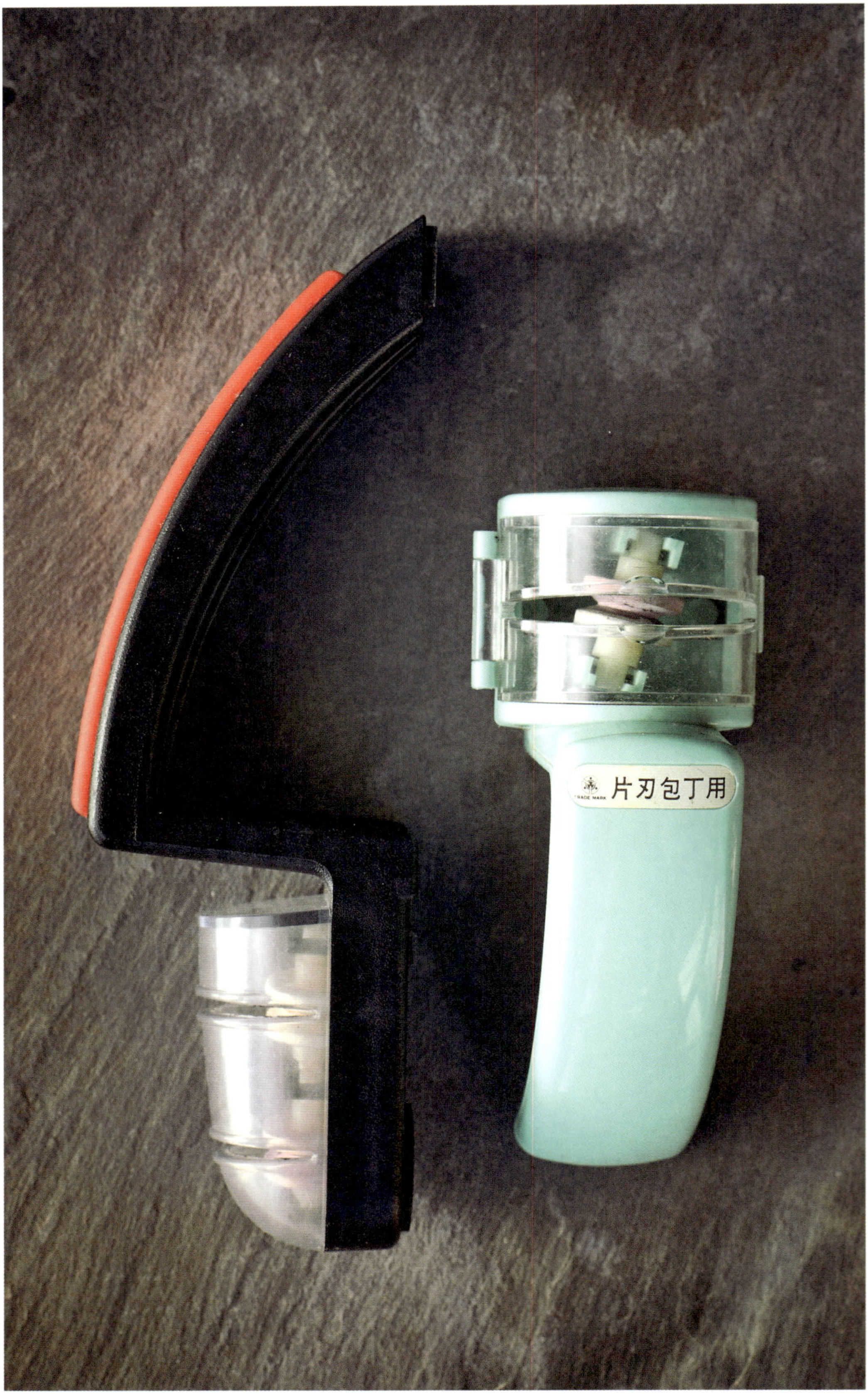
TRADE MARK
片刃包丁用

MESSERSCHÄRFER MIT RÄDCHEN

Auf einen idiotensicheren Messerschärfer für den Hausgebrauch wurde schon viel Erfindungsgeist und Mühe verwendet – mit wechselndem Erfolg. Eigentlich sollte es nicht so schwer sein, ein Schärfelement in einem bestimmten Winkel in ein Gerät einzusetzen, das noch bei eiligster Benutzung in der heimischen Küche eine schöne Klingenschärfe ergibt. Aber viele sind daran gescheitert. Vermutlich liegt das an der Pflege, die wir einem damit geschärften Messer ansonsten angedeihen lassen. Die ersten paar Male funktioniert der Messerschärfer noch gut, doch haben wir das Messer dann erst einmal als Dosenöffner und Schraubenzieher zweckentfremdet und dabei die Spitze abgebrochen, dann hilft es auch nicht mehr, das Messer stundenlang durch den Messerschärfer zu ziehen.

Und doch müssen auch Fans von Schleifsteinen und Streichriemen eingestehen, dass so ein Messerschärfer praktisch ist. Besonders dann, wenn gerade keine Zeit bleibt für das volle erfüllende Ritual.

Wassersteinschärfer japanischen Ursprungs arbeiten mit zwei kleinen Schleifrädchen aus Stein, die den richtigen Körnungsgrad haben und zwischen denen das Messer hindurchgeführt wird. Die Seiten der Rädchen sorgen von selbst für den korrekten Schleifwinkel, und die Steine können mit der Bewegung der Klinge rotieren.* Darunter befindet sich ein kleiner Wasserbehälter, der die Schleifsteine feucht hält.

Ich will ehrlich sein: Ein guter Wassersteinschärfer, den man geschickt benutzt und dessen Schleifsteine man regelmäßig erneuert, verleiht Messerklingen eine wunderbare Schärfe. Die Resultate sind vermutlich nicht schlechter als mit dem Schleifstein. Was aber fehlt, sind das Gefühl und Erlebnis beim Schärfritual. Natürlich geht es schneller, wenn nicht erst alles aus dem Schrank gekramt und die Lieblingsklinge nicht eine halbe Stunde lang umsorgt werden muss. Aber das ist doch gerade das Schöne!

* Für einseitig geschärfte Klingen gibt es Messerschärfer mit anderem Schleifwinkel, die von einer Seite nur polieren, statt zu schleifen. Das funktioniert gut, aber nur solange das Messer ausschließlich in eine Richtung über die Rädchen geführt wird.

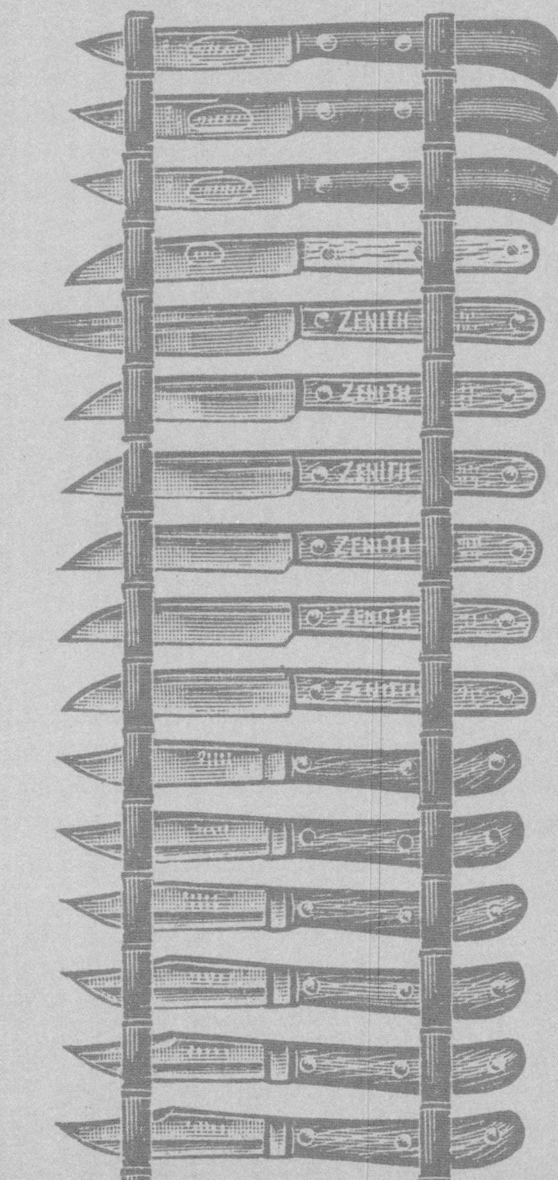
ZENITH
ZENITH
ZENITH
ZENITH

MESSERZUBEHÖR

ROLLTASCHE

URSPRÜNGLICH WAR DIE MESSER-ROLLTASCHE eines Küchenchefs einmal ein dickes weißes Ding aus Leinen mit Taschen für die Griffenden der Messer. Sie bot keinen Schutz gegen Schäden an den Messerklingen (oder Verletzungen durch sie). Da aber jede spitze Klinge sich in Sekundenschnelle durch die Leinentaschen gebohrt hätte, wäre es auch nicht sinnvoll gewesen, die Messer umgekehrt in die Taschen zu stecken. Manche Köche legten Küchenhandtücher zwischen die Klingen, damit sie beim Einrollen nicht mehr gegeneinanderstießen. Doch wer eine Rolltasche fallen ließ oder sie nicht vorsichtig genug aufhob, war so immer noch nicht geschützt. Nützlich war die Tasche eigentlich nur, wenn die Messer grundsätzlich in der Schublade lagen und die Rolle als Ganzes in eine Metallkiste gepackt wurde, um sie über längere Strecken zu transportieren.

Heute bestehen Messertaschen aus allen möglichen Materialien, vom altgedienten Leinen über ballistisches Cordura-Nylon bis hin zu wunderhübschem Leder. Zwei Dinge sollten bei der Wahl der Messertasche ausschlaggebend sein: Sicherheit vor Schnittverletzungen und Schutz gegen Schäden an den Klingen. Dafür können Kunststoffhauben für die Klingenspitzen oder zusätzliche Klettbandhalter in der Rolle hilfreich sein. Manche Messertaschen sind sogar mit Schaffell gefüttert.

MAGNETLEISTE

VON MEINEM GROSSVATER RON habe ich eine besondere Werkstattregel geerbt, die ich beinahe obsessiv befolge. Er glaubte, jedes Werkzeug, das nicht in seiner Hand oder am dafür vorgesehenen Aufbewahrungsort lag, sei eine Einladung zum nächsten Unfall. Das ist ein gutes System – so gut, dass es Standard in Operationssälen und Formel-1-Boxen ist. Ist der Patient einmal zugenäht oder der Rennwagen wieder auf der Strecke, wäre das ein schlechter Zeitpunkt herauszufinden, dass ein Werkzeug fehlt. Ebenso ungünstig wäre es, ein fehlendes Yanagiba erst dann zu entdecken, wenn die Schwiegermutter es bereits im Spülbecken versenkt hat, „damit es mal richtig sauber wird" und das Spülwasser sich gerade verdächtig rot färbt.

Aus genau diesem Grund finde ich Magnetleisten für Messer so großartig. Erstens sieht es toll aus, wenn sich all die lieben Messer dort so vereint zur Schau stellen. Zweitens sehe ich die Leiste oft an, wenn ich in der Küche arbeite, und erkenne sofort, wenn ein Messer, das ich nicht gerade in der Hand halte, nicht dort hängt. Dann kann ich es an seinem unpassenden Ort aufspüren und den Ärger, auf den es dort nur wartet, verhindern.

Magnetleisten und Magnethalter bekommt man im Küchenfachhandel. Ihr einziger Nachteil ist, dass sie die Klingen auch verkratzen können. Es gibt zwar kostspielige Leisten mit unglaublich starken Magneten, die in edles Holz eingelassen dieses Problem umgehen. Doch am hilfreichsten finde ich den Tipp, den mir der Bäcker, Brauer, Arzt und Messerfreak James Morton einmal gegeben hat: einen Streifen dünnes Fensterleder über die Magnetleiste legen. Die anderen Messer halten das Leder an Ort und Stelle, wenn man eines herunternimmt. So gehören Kratzer der Vergangenheit an.

Braiser
Boeuf à la Mode
SALZ

SCHNEIDEBRETT

EIN HACKKLOTZ besteht aus aneinandergeleimten Holzblöcken. Sobald das Messer auf das Hirnholz trifft, gibt dieses zum Wohl der Klinge leicht nach und schließt sich danach wieder. Es ist ein weitverbreiteter Irrglaube, dass hölzerne Schneidebretter bei den Gesundheitsbehörden aus hygienischen Gründen nicht gerne gesehen seien. Das stimmt nicht.* Jedoch ist es in einer Großküche viel leichter, Keime am Wandern zu hindern, wenn dort Schneidebretter mit unterschiedlichen Farbmarkierungen verwendet werden. Und das Polypropylen, aus dem sie hergestellt werden, verträgt viele Durchgänge in der kochend heißen Industriespülmaschine.

Ein typisch chinesischer Hackklotz ist rund und viel dicker als unsere Schneidebretter. In der westlichen Welt schneiden Köche nur selten waagerecht, und falls doch (beim Fischfiletieren oder bei der letzten Scheibe Brot), müssen sie ihr Schneidebrett ganz an die Tischkante heranziehen, um genügend Platz für die Haltehand zu haben. Ein chinesischer Koch kann sein Chai Dao dagegen einfach auf seinem dickeren Klotz querlegen und ohne weitere Umstellung waagerecht schneiden. In China schneidet man sehr viel waagerecht. Vielleicht haben wir daher im Westen auch mehr biegsame Messerklingen, die sich der Schneiderichtung besser anpassen.

Was Schneidebretter aus Glas, Marmor oder Stein angeht: Wir wissen wohl alle genug über Messer, um zu erkennen, dass alles, womit sich eine Klinge schärfen lässt, nur Schaden anrichten kann an der Klinge, wenn die Klinge direkt in dieses Material hineinschneidet.

Benutzen Sie ein Schneidebrett aus Hirnholz, wenn Sie können, oder eines aus Polypropylen, wenn Sie müssen, und säubern Sie es. Schneiden Sie sanft und liebevoll, damit die Messerschneide beim Auftreffen auf die Oberfläche möglichst wenig Schaden nimmt.

Und lieben Sie Ihr Messer. Es wird Ihre Zuneigung erwidern.

* „Es gibt keine ausreichenden Hinweise darauf, dass eine Sorte Schneidebrett hygienischer wäre als eine andere, egal ob aus Kunststoff, Holz, Glas oder Marmor. Entscheidend ist nur, dass das Schneidebrett nach jeder Verwendung korrekt gereinigt und durch ein neues ersetzt wird, sobald es z. B. durch tiefe Schnitte oder Brandmarken zu stark beschädigt ist, da solche Schäden die Reinigung erschweren. Die Ausbreitung von Keimen lässt sich auch durch separate Schneidebretter für rohe und verzehrfertige Lebensmittel verhindern." (Food Standards Agency, food.gov.uk)

DANK

Tim Hayward

Mein Dank gehört den Messerschmieden, Köchen, Sammlern und Fans, die ihr Wissen, ihre Messer und ihre Begeisterung mit mir geteilt haben.

Besonderer Dank geht an Jon Warshawsky, James Ross-Harris und Richard Warner von Blenheim Forge, an Jay Patel und Rishit Vora von der Japanese Knife Company, an Joshua Heaton, den möglicherweise derzeit besten Messerschärfer in London, und an Henry Harris, dessen Wissen, Belesenheit und Lehrtalent ihn in einer zivilisierteren Kultur sicher zu einem verehrten Weisen gemacht hätten.

Danke an meinen entgegenkommenden Fleischer und Ratgeber Jon West und an Dr. Annie Gray für die lebhaften Diskussionen. Und obwohl wir uns nie getroffen haben, möchte ich Jose Grant Crichton (geb. Gilpin) danken, die mir das Familienerbe ihres Vaters Nat anvertraut hat, ebenso wie Scott Grant Crichton für seine Hilfe. Von allen spektakulären Messern hier haben Nats die größte Inspiration gebracht.

Ein Dankeschön geht auch an Helen Lewis, Laura Willis, Verity Holliday, Emily Noto und Gemma Hayden bei Quadrille und an meinen exzellenten Agenten Tim Bates.

Danke ans heimatliche Team Al, Lib und die Crew vom Fitzbillies, die meine grummelige Laune Buch für Buch in Kauf nehmen.

Ein extra Dankeschön gebührt Simon Davis, der zwischen seinen jungen Vaterfreuden noch die Zeit für ein perfektes Lektorat fand.

Ein illustriertes Buch erfordert immer eine viel weitreichendere Zusammenarbeit, als eine Danksagung es wiedergeben könnte. Es ist ein wenig so wie bei japanischen Qualitätsmessern, die immer eine Gruppe Handwerker gemeinsam herstellt. Auf dieses Buch trifft das ganz besonders zu. In unserem Team hat jede und jeder einen enormen Beitrag zum Projekt geleistet. Lieben Dank an:

Chie Kutsuwada

Mangazeichnerin Chie Kutsuwada, die ein paar verrückte Ideen in etwas Brillantes verwandelt hat.

Will Webb

Will Webb, dessen eiskalt geistreichen Illustrationen nur von seiner Killer-Ruhe übertroffen werden.

Chris Terry

Chris Terry, dessen Gabe, in einem abgerockten alten Ding dieselbe Schönheit zu sehen wie in einem Kunstwerk, die Wirkung dieses Buchs ins Unglaubliche gesteigert hat.

Sarah Lavelle

Und an Sarah Lavelle, die uns alle zusammengebracht und bis zum Ende begleitet hat und deren Name auf der Klinge stehen sollte.

Sie alle sind Shokunin.

REGISTER

Kursive Seitenzahlen verweisen auf Abbildungen.

L

M

N

O

P

R

S

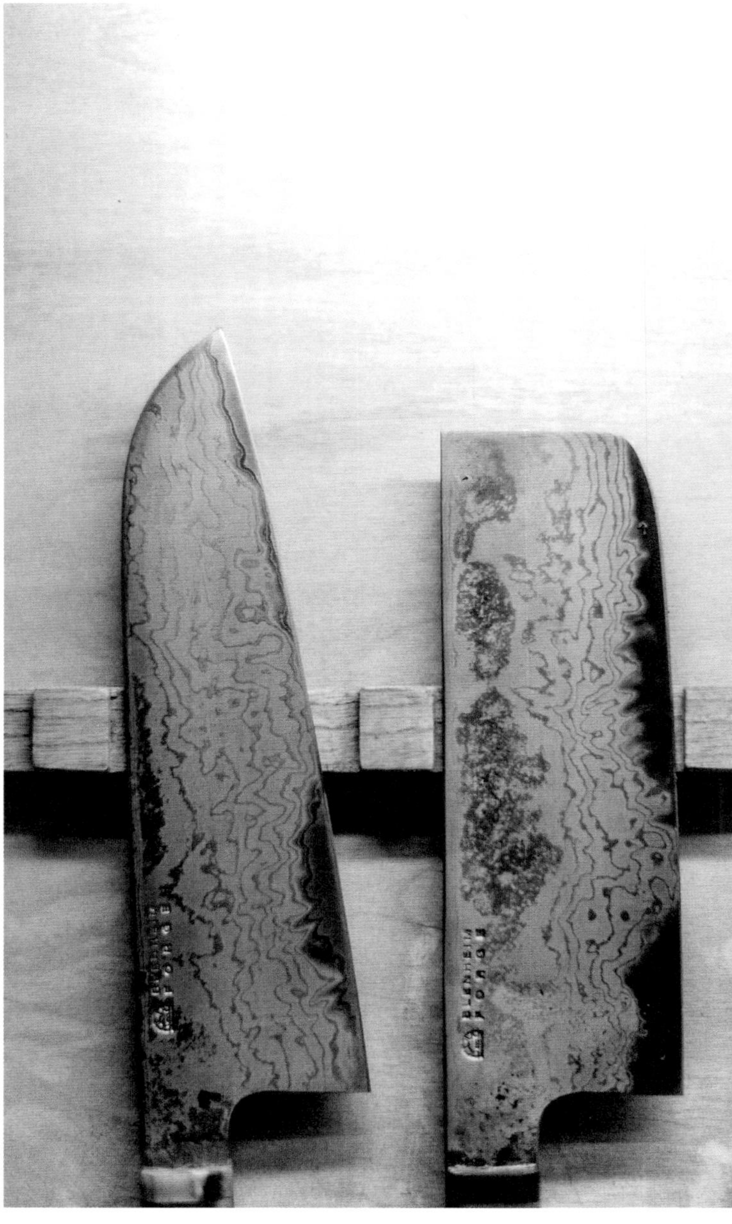